好好相爱

完美亲密关系修炼手册

李志军————著

中国纺织出版社有限公司

内 容 提 要

亲密关系是人一生中最为重要的关系之一，尤其在构建高质量生活的今天，更是不可或缺的重要内容。虽然现在物质生活提高了，但很多人，特别是年轻人，却不知如何营造优质的亲密关系，因为原生家庭无法给予，社会教育也不曾教导。本书从大量的实际案例中提取素材，对亲密关系从构建到维系再到解体进行了全过程的检视和思考，并结合当下国人关心的热点话题，从关系管理及沟通管理的全新视角予以解读，给出了具有实际效果的技巧和方法。

图书在版编目（CIP）数据

好好相爱：完美亲密关系修炼手册 / 李志军著 . -- 北京：中国纺织出版社有限公司，2021. 7

ISBN 978-7-5180-8547-7

Ⅰ．①好… Ⅱ．①李… Ⅲ．①婚姻－家庭关系－通俗读物 Ⅳ．① C913.13-49

中国版本图书馆 CIP 数据核字（2021）第 086873 号

责任编辑：顾文卓　　　　特约编辑：徐　洪
责任校对：高　涵　　　　责任印制：何　建

中国纺织出版社有限公司出版发行
地址：北京市朝阳区百子湾东里A407号楼　邮政编码：100124
销售电话：010—67004422　传真：010—87155801
http://www.c-textilep.com
中国纺织出版社天猫旗舰店
官方微博 http://weibo.com/2119887771
三河市宏盛印务有限公司印刷　各地新华书店经销
2021年7月第1版第1次印刷
开本：710×1000　1/16　印张：15.5
字数：189千字　定价：49.80元

　　写这本书的初衷源于我在某公众平台的问答栏目中回答了很多网友提出的有关情感方面的问题，恰巧自己研究的领域在关系管理和沟通管理，这块的确可以跟大家一起来聊聊。

　　情感话题涉及的内容十分丰富，覆盖的人群也是形色不同。但是你会发现很多人都受到了各种各样的困扰，由此降低了生活质量。他们要么逆来顺受，要么决绝地抗争，但无论怎样还是给自己的生活带来诸多遗憾。

　　近十多年来，我国的离婚率持续攀升。民政部公布的数据显示，从2003年起，离婚率连续15年上涨，由1987年的0.55%上升为2017年的3.2%，2018年离婚率继续保持在3.2%。

　　究其原因，是很多人缺乏在情感生活中构建亲密关系这项重要的能力，无论是认知层面，还是具体的行为层面，都缺乏有效的指导。虽然之前类似的著述并不少，但我们希望能够再下沉一些，从关系的构建、从有效地沟通方面给大家一些更为直接的建议和启发。

　　因为，在对美好生活的追求中，亲密关系质量的高低绝对是一个关键指标。所以，不能不了解，更不能忽视。

◖ 亲密关系是人类最不可或缺的技能

什么是亲密关系？本意是指不限性别年龄的两人之间和谐融洽的关系，现在多指夫妻关系、伴侣关系、恋人关系、两性关系以及更加友好亲密的朋友关系等。亲密关系不是说就男女关系那点事，而是要讨论情感关系的构建。亲密关系实际上是一种良好的生存能力，可以感受到自己的感觉、了解自己的需求，感受到自己的身体以及时刻知道自己内部正在发生什么的能力。如果没有这个能力，就很难和他人真正沟通。即使是单身状态，也不是说就不需要拥有构建亲密关系的能力了。

但是很遗憾，大多数人在这方面是缺失的，即使受过高等教育也是如此，因为原生家庭里不讲，学校里更不会讲。很多人的经历是这样的：上学时父母要求一心学习，工作后就要结婚成家。很多人为此苦恼，情感、婚姻受挫折，却没有更好的办法解决，所以才出现那么多的宅男、剩女，除了外界环境的影响，在亲密关系面前的无所适从也是重要的原因。

◖ 亲密关系是一切家庭关系的基石

亲密关系告诉我们，所有的家庭关系都是围绕着以配偶为核心的亲密关系构建的，如果意识不到这个根基，就会地动山摇而不自知。比如配偶之间彼此与对方家庭成员的关系，比如与自己孩子的关系，都看得到亲密关系的影子。像典型的婆媳关系，早恋问题、性教育问题，以及养出的孩子是"妈宝男"还是"公主病"，甚至"丧偶式"教育，这些都是亲密关系不佳的折射，都可以在亲密关系中找到原因。所以抓住了这个核心，一切问题都可以迎刃而解。

◖ 亲密关系的基础在有效沟通

在我以往回答的情感问题中，会发现这样比较典型的思维方式：出现矛盾后，都是在问"要不要离"，几乎没有人问应该怎么挽回、如何沟通。其实不管是亲密关系的发起还是维护，乃至于出现矛盾的解决，都离不开有效的沟通。都知道恋爱的时候要谈，为什么建立起关系后反而就不谈了？很多人觉得这些事情都是无师自通的，其实表现很差的人大有人在。

而要做到有效沟通，前提是想把日子过下去，能够一如既往充满爱意地对待对方。有了这个基础，你才不会以自我为中心，不顾及对方情绪地乱讲话，才不会出口伤人，才不会把关系逼入绝境还浑然不觉。

有了认知层面的觉悟，其实方法技巧层面就很简单了。书里有很多方法可以供你参考。

最后以主持哈佛大学著名的"格兰特研究"（主题是"什么样的人最可能成为人生赢家"）整整三十二年的心理学者乔治·瓦利恩特的一句话作为前言的结尾、正文的开始吧：

"温暖亲密的关系是美好生活最重要的开场。"

目 录
Contents

Part 3 构建亲密关系的挑战

Part 4 亲密关系沟通

Part 5 亲密关系维护

Part 6 亲密关系冲突处理

Part 7 亲密关系解除

Part 1

认识亲密关系

什么是亲密关系？它并非男女关系、情感关系那么简单，但却是打造美好生活的重要能力。

理解亲密关系

哈佛大学有一个历时 76 年的著名实验——"格兰特研究（The Grant Study）"，其主题是"什么样的人最可能成为人生赢家"，结论是：**真爱 = 人生繁荣**。该研究表明：只要能在 30 岁前找到"真爱"——无论是爱情、友情还是亲情，就能大大增加"人生繁盛"的几率。而主持这项研究整整 32 年的心理学者乔治·瓦利恩特说："温暖亲密的关系是美好生活最重要的开场。"

弗吉尼亚大学的神经科学家詹姆士·科恩（James Coan）早于 2006 年就用一个电击实验证明：带着关爱的触碰能够改变一切。那些在受到电击时握住心上人手的实验者，其焦虑和疼痛水平会明显降低。而对处于混乱关系或非爱关系中的实验者，这种保护效果并未出现。也就是说，让一个人处在一段健康关系里，握住伴侣的手，就足以控制血压，减轻对压力的反应，改善健康状况并缓解生理疼痛，可见一段健康的亲密关系是何等重要。

但是对于如何维系这种人生最富有意义的关系，却没有多少人真正有所准备。在生活中常常发生的情形是——无论我们的意愿多么诚恳，行动多么努力，亲密关系的现状和结果却还是愈发成为问题，甚至令人不安。我们经历着混乱、沟通不畅、相互怨恨、情感疏离、缺乏相互支持，最终和最坏的结果则是导致关系的破裂和分离。

所以首先要知道什么才是真正的亲密关系。

◖ 界定亲密关系

亲密关系本意是指不限性别年龄的两人之间和谐融洽的关系，现在多指夫妻关系、伴侣关系、恋人关系、两性关系以及更加友好亲密的朋友关系等。心理学家凯利（Kelly）认为，关系是指两个人彼此能互相影响对方，并且可以互相依赖。也就是说，只有当两个人之间互相影响与依赖时，才能认定彼此之间存在关系。亲密关系的特点有三个：长时间频繁互动；在这种关系中包含许多不同种类的活动或事件，共享很多共同的活动及兴趣；彼此的相互影响力很大。

布雷姆认为："亲密关系开始的第一大步总是一样的：人与人之间的吸引，接近某人的渴望，吸引开启了发展爱情的可能性。而且吸引受到相像的、强烈的影响，有着相似背景、个性、外表吸引力和态度的人们更有可能彼此吸引"。

麦基卓与黄焕祥合著的《懂得爱：在亲密关系中成长》一书也就亲密关系进行了深入探索，并提出亲密关系环形发展的五个阶段，分别是浪漫期、权力争夺期、稳定期、承诺期和共同创造期。亲密关系的建立让我们看到：**关系里除了交换和控制，更应该是灵魂的彼此懂得和陪伴。**

亲密关系实际上是一种良好的能力，可以感受到自己的感觉，了解自己的需求，感受到自己的身体以及时刻知道自己内部正在发生什么的能力。如果没有这个能力，就很难和他人真正沟通。可悲的是，在亲密关系中，不只是一个人在挣扎着寻找与自己的连接，另一个人也是一样。对亲密关系的需求是要以健康的方式去感受自己的情绪，需要能被感受，并可以用能够处理的方式对待自己的情绪。

◖ 获得理想的亲密关系

俗话说，求人不如求己。做好自己才是在亲密关系中保持不败的关键。

亲密关系是生活中最重要的部分之一，但不是全部。一个健全的自我应当建立在几个不同的支点上，例如家庭、朋友、工作、兴趣爱好等。只有一个支点的生活注定会失衡，所以要警惕成为恋爱脑。这不是从经济学上"不要将鸡蛋放在一个篮子里"的分散风险角度考虑，而是基本上**用力过猛的事情都将不得善终，情深不寿就是这个道理。**

不孤注一掷，心态放松，反倒可以给关系发展更多的韧劲。抛开亲密关系不说，成为自己、实现自我价值，本就是一个人最重要的使命，是一个人生命力的终极体现。亲密关系应当成为两个独立的人朝着共同目标努力的动力和保护伞，它给我们以力量和慰藉，而不应当成为懒惰和放弃自我发展的温床。这也成为检视亲密关系的一个重要标准：好的关系让一个人的自我得以伸展，坏的关系让人失去自我。

不仅要成就自己，还要把关系建立在坚实的基础上才可靠。老话讲，"贫贱夫妻百事哀"，不要让关系飘在空中，应该让关系建立在坚实的基础上。亲密关系作为一种人际关系，是会受到外部环境很大影响的，不良的外部环境会让亲密关系经受考验。在面对挑战时，所有关系都会变得比平时更加困难。比如学业不顺、失业、健康堪忧、人际关系紧张等，都会给亲密关系造成压力，使人的行为异化，导致关系变差。

不仅如此，这种不满会慢慢变成指向对方，怀疑是亲密关系本身出了问题。社会心理学把这种现象称为"基本归因错误"。人是非常容易受到环境影响的，在大多数情况下，我们对于环境作用的感知非常微弱，甚至有些人几乎没有。于是在判断他人的行为时，倾向于把其归因到该人人格或其自身的问题上，而忽略了他所处的环境。因此要提醒自己，外部环境才是亲密关系的威胁所在，而非对方。所以，如果真想好好维护一段关系，最好的办法就是：不要让它暴露在这种恶劣环境下。尽可能地提高自身能力，改善物质条件，丰富社会资源，以此来增加关系对风险的对冲能力。

做自己，也意味着直面真实的自己，哪怕是不那么好的自己，也不要伪装。**亲密关系是个隐藏人格的照妖镜，会激发出普通人际交往不会出现的性格阴暗面，逼着重新认识自己。**这是个反思自己过往经历的好机会，特别是对于有原生家庭缺陷的人来说。因为很多时候我们无视自己，以为关系的失败只是因为没找到"对的人"，但如果不把非健康的模式从自己身上拔除，类似的问题只会反复出现。

要客观，但有点滤镜也很有必要。两个人在一起是为了开心，有时潜在的意思是：希望你能让我开心。这差不多快成为判断对方是否是"对的人"的标准线了。可是，就像激情会随着时间的推移慢慢退去，对方给你的开心久而久之也会变得习以为常而失去感觉。如果想同一个人一直开心下去，首先得自己开心，而不是反过来，所以影响两人关系质量的，除了对方的行为，还有自己对对方行为的解读。本身就不开心的人，通常会在解读上偏向负面思维，比如对方没有洗碗，可以解读为忘记了，也可以解读为就是想偷懒、不上心。当持续用一种思维方式来看待问题时，就会出现一个人有了积怨，而另一个人感觉自己总是被误解的局面。慢慢地，两个人就会越来越不开心。

亲密关系需要持续经营，遇到合适的人才只是开始。在亲密关系当中的冲突、对理想伴侣期待的不满，多半都是因为企图把自己的自我功能嫁接给伴侣失败，而造成爱无能。其实这就是人在成长的过程中需求没有被满足，长大后便会进入另一种强迫性重复当中的结果。

◀ 不要陷入假性亲密关系

为什么身在关系中却感受不到亲密？为什么无法在内心中感受到爱？也许这种亲密关系是假的！心理学上对于假性亲密关系的定义是，一种很浅层的、不作为的关系状态，比如两个人可能因为关系维持不得不在同一屋檐下，不得不产生交集，其实两个人之间并没有真正的感情，这是一种不真实的亲密关系。

在真正的亲密关系中，双方一定会有深层次的交流和友好的互动，彼此是坦诚的、互相理解的。但是假性亲密关系却更多的是为了逃避而诞生的一种关系，在形式上是亲密无间的，但双方却都心照不宣地逃避了心甘情愿的付出以及坦诚和接纳对方。

心理学家认为，选择假性亲密关系就会使彼此陷入"情感禁闭"（Brainlock）的状态，这就意味着双方"默契"地认同了这种状态——共同保持情感上的麻木。这种麻木的状态实际上是一种防御机制，感受不到真挚的情感交流以及付出的快乐，同时也保护了免受感情可能引发的一系列伤害，因为从未付出，所以也不必承受失去的痛苦。

这样的关系看起来是长期且稳定的，因为彼此都不会向对方暴露自己真实的情绪，所以也没有办法去磨合两个人可能会出现的冲突，也意味着这段亲密关系只能停留在一个平和的、有距离的状态中。

真正的亲密关系是需要双方付出努力、共同维系的，也许彼此会经历冲突和争吵，但每一次冲突都是让彼此更进一步的机会，因为只有撕下那层层的面具才能感受到更加真挚的感情。

当一个人习惯了假性亲密关系的状态后，一定是非常孤独的，这种状态也可能会同样应用到其他人际关系中，比如朋友、亲人之间，并且习惯了这种固定的相处模式后，会无意识地按照自己的剧本扮演好每一段关系里需要的角色，或许是一个孝顺的女儿、一个贤惠的妻子。只是，那些都不是最真实的自己。

我们知道，假性亲密关系实际上是一种自我防御的机制，但是需要认清的一点是，你的担心和焦虑不会因为逃避或者隐藏了这些可能出现的问题就消失不见，正确地处理焦虑的方法是直视它。

亲密关系的表现

人的一生中几乎都要涉及亲密关系，但是很多人还是处在误打误撞的状态。对于亲密关系的理解不仅是浅显的，甚至并不知道什么样的表现才是应该肯定和追求的，哪些是要摒弃和注意的。

◖ 糟糕的亲密关系

首先应该知道糟糕的亲密关系的表现是什么，因为很多人身处其中而不自知，下面这些表现可以提醒你。

觉得伴侣总是让自己失望。我们有可能因为期待而忽略了对方真实的样子，并因此频频感到失望，比如你一直期待一个温柔体贴的伴侣或者希望自己的伴侣朝这个方向努力，但事实上对方可能木讷或过于理性，虽然很爱你，但不太会用温柔体贴的方式来表达。由此你的伴侣总是存在负罪感，觉得自己不够好，而你因此也感到失望，觉得对方不够努力，但或许是这种期待不够合理。

总是对伴侣的表现感到坐立不安。总是期待对方"做得更多"，说明你心中对于关系应该如何发展、爱应该如何表达是有一个预设的，而这个预设未必符合关系的实际。感到不安，并非因为关系真的不稳，只是因为它没有按照你想象的样子发展。

在关系中有很多"待解决事项"。有很多"待解决事项"意味着你在用逻辑看待关系，认为关系应该像电脑程序一样，随着一个个 bug 的解决会变得畅通无阻。

以上种种也许是双方不匹配，也许是**在亲密关系里习惯用控制的方式去获得爱，而控制的本质是想获得安全感**，比如晚上对方回来晚了，电话就一个接一个地催促；询问钱都花到哪里去了；不及时回复电话就指责对方不爱自己了。这样的控制会让对方感到无法呼吸，从而选择出轨或者离开你，而一旦失控你就会非常失望、愤怒。

在亲密关系里，如果长期不能获得满足，指责和抱怨就出现了。虽然我们都知道指责和抱怨并不能解决问题，但还是乐此不疲。因为指责和抱怨的背后是控制，让另一方感到内疚，从而好好爱你。这个行为的好处是什么？好处就是我是对的，我的感觉很好。我们之所以不能改变，原因是这个模式是受情绪影响的自动反应，是在无意识的状态下发生的，所以想要改变要从觉知开始。

与之相反，在亲密关系里我们还经常用到的一个手段就是装可怜、装痛苦来获取爱。一旦习惯了这个角色，就会越来越上瘾，甚至隔一段时间如果体会不到痛苦，身体都会觉得不适应。痛苦的人身上有一种特质，就是吸引人来帮助他、爱他。

一个人即使相貌很不错、很能干、很聪明，也不代表他的自我价值感就高。自我价值感低的人一般会找对自己特别好、特别能照顾好自己的人，比如特别喜欢对方来接送自己上下班、给自己做饭等。这种人往往吸引的也是愿意过度付出的人，被称为有**"拯救者情结"**的人，他们会把付出当作自己是有价值、被需要的表现。但这样常常处于过度付出的状态，经过长时间的压抑就会爆发，就会收回所有的爱，另一方就会特别不适应，矛盾就会产生。

良好的亲密关系

每个人对于"一段好的亲密关系是什么样"都有自己的独特理解。虽然它没有固定的标准，但是对于任何健康的关系来说，它们都有一些基本共性。

伯恩斯坦（Bornstein）指出，一段好的亲密关系主要有三个特征：

平等。这是一段健康的亲密关系存在和发展的基础。如果在关系中，其中一方有明显的权力优势，比如拥有对大多数事情的决定权，且不愿考虑另一方的意见，这就不是一段平等的关系。

互惠。好的亲密关系不是单方面的付出或索取，而是两个人都有所付出，也都有所收获。这里说的互惠，不是一方先付出，一方受益后反馈而形成的互动，而是双方在关系中都能主动给予，愿意把两人之间的关系放到比自身更优先的地位，并得到自己需要的东西。

尊重。不仅是指能够积极地与对方沟通，还意味着不会揣测、歪曲对方的意思。在一段关系中，两个人可以自由表达自己的想法，正确了解对方的意图，同时还能够给予合理的反馈，这就是尊重的体现。

此外，比安卡（Bianca）的研究中还指出，充足的信任和情感连结，也是一段好的亲密关系的重要特征。信任是两个人愿意对对方坦诚，并相信对方所坦陈的事情。情感连结则是两个人的亲密程度和连结感，会随着时间的流逝越发深入和稳定。

好的亲密关系的影响

具体来说，"好的亲密关系"有四方面好的影响：

第一，会让人变得更健康。人们对于一段健康的亲密关系，满意度往往更高。研究表明，保持令人满意的关系，不仅可以降低罹患癌症、心肌梗塞等疾病的风险，还能减少肥胖、吸烟上瘾等危险因素。

此外，好的亲密关系还能改善人们的心理健康状况。根据美国卫生与公共服务部在 2007 年发布的报告，高质量的亲密关系可以缓和社交孤立，减少人们的抑郁感和焦虑感。不论从身体还是心理的层面来说，好的亲密关系都会让人变得更健康。

第二，完善自我认知和提高自尊水平，让人更喜欢自己。 在一项关于亲密关系与自我变化的研究中发现，六周后，对关系满意度更高的情侣，他们的自我扩展（Self-expansion，即在自我概念中添加、整合积极信息）和自我修剪（Self-pruning，即改善自我概念中的负面特征）程度更高。这表明，人们自我概念的变化与亲密关系质量相关，满意度更高的亲密关系有助于自我完善和提升自尊水平。在高质量的亲密关系中，人们能感觉到自己的完整性和价值感，从而更喜欢自己。

第三，能够帮助人们恢复信任的能力。 罗伊（Roy）指出，我们要建立对一个人的信任，主要基于这三方面的评价：能力（Ability），是指对方的知识、技能或行动力。当一个人具有能力时，我们才能相信对方能够以符合我们期望的方式达到预期。正直（Integrity），是对一个人历史经历的评估。它反映在个人过去行动与承诺的一致性，也可以理解为一个人的信誉程度。仁爱（Benevolence），是一个人的人格特质，包含了善良、诚实、温和等气质。有仁爱之心的人不仅愿意为对方的利益考虑，也能积极沟通，真诚地表达自己的意愿。

在一段好的亲密关系中，我们可以感受到对方长久且持续的关心，会从日常相处的细节里不断发现对方身上的这几种人格特质。这些真实的证据都能够帮助我们弥合创伤，重建信任。

第四，建立起对世界的积极信念。 一段好的亲密关系，不仅会重塑对爱的信念，还会改变对世界、对人性的看法，让我们从消极变得积极起来。对爱的信念感建立起来后，不仅会看到在自己感情中那些好的部分，还会在其他人际关系中逐渐发现周围人的闪光点，看到生活中越来越多正向的事情。

于是会越来越相信美好的存在，并由对亲密关系的积极看法逐渐转到对其他事情的态度上，重新建立起对世界的积极信念。

◀ 构建亲密关系

如何驱动两个人的关系往好的方向发展呢？想要获得一段好的亲密关系，遇见合适的人固然重要，但更重要的是双方如何处理和对待这份感情。

长期稳定的关系需要双方具有"包容（contain）"的能力。任何一段长期的关系中，都势必会出现情绪波动和矛盾冲突，或者即使没有什么问题，有的人也会忍不住"作"，而这往往会给感情带来损伤。但是包容能力好的人，其内在就好像拥有一个稳固的容器，能稳定地容纳自身的情绪，并选择以合理的方式表达和释放。这对于曾经遭受过亲密关系创伤的人来说，也是一种有效的疗愈，能够让其不再惧怕冲突，建立起和对方一起面对生活各种挑战的信心。

很多感情面临的挑战在于，随着时间消逝，两个人的感觉会变得越来越淡，甚至越来越糟。其实是因为还没有培养起对对方"真诚的兴趣"（genuine interest），它指的是两个人都具有对伴侣内在世界的好奇心。当这种真诚的兴趣被培养起来，即便面对一成不变的日常，我们也会好奇对方今天经历了什么、心情怎么样等。这种兴趣不仅可以为关系注入新鲜感，还能让我们不断深入地了解对方，建立起更稳定的情感连结。最后，记得将你们的关系永远视为共同的旅程，只有当两个人的出发点都是为了双方共同的利益时，才能激发爱的能量，实现双方价值的最大化。

虽然我们可能都会经历感情的挫折，但要相信，一段好的亲密关系，终究会治愈这些创伤，重新给予我们爱的信念。值得注意的是，即使是足够幸运地遇见了这样一个人，让我们重新相信了感情，也不要过度地依赖和放纵。因为失去了真诚和善待的初心，好的亲密关系也会走向覆灭。

即使最终仍不顺利，也要在亲密关系里学会接纳。接纳不是放弃，不是消极对抗，而是一种顺势而为、享受当下、对结果抱有开放的态度。在一段关系里 100% 付出了自己的爱，但是对方不爱了，怎么办呢？首先，接纳这个事实，因为已经无法改变，所以做无谓地抗争亦是无用，只有接受才是上策。其次，要从这段失败的关系中找到自己的关于成长、关于爱的收获，只有如此才能真正对得起所有的付出。

爱情要独占

金庸先生有一部非常有名的小说，叫作《鹿鼎记》，剧中的男主角韦小宝拥有七个老婆，成为人生的大赢家，满足了某些人"齐人之福"的超级幻想。但是，在正常的亲密关系中，彼此之间只能独占。中国当代作家木心的诗作《从前慢》中写道："从前的日色变得慢，车、马、邮件都慢，一生只够爱一个人。"虽然在当今社会我们可能会遇到很多人，也可能会谈几场轰轰烈烈的恋爱，也不再是那个一生只爱一人的时代，但是爱情要独占的观念却从来没有改变过。

◀ 爱人只能有一个

美国加利福尼亚大学洛杉矶分校等机构的研究人员做过一项测试：120 名恋爱中的人观看一些有吸引力的异性的图片，然后要求他们写一篇文章，主题可以是自己当前的恋人，也可以是其他事物。测试中的要求是，你必须忘掉刚才看到的异性的图片，如果想到一次，就做一次记录。

　　结果发现，在文章中描写自己恋人的人想到异性图片的次数很少，但是选择写其他主题的人想到异性图片的次数却多出了 6 倍。从这个测试就能发现，爱情的确具有排他性。不仅如此，爱情还会让人死掉！俄国著名文学家普希金就是在争夺女人的决斗中死去的。正是由于爱情中的这种排他性导致他去参与决斗，不幸最终丧命。

　　英国伦敦大学人类学家克里斯托弗·奥佩等人使用统计模型对 230 个灵长类物种分析后发现，9% 的哺乳动物坚持一夫一妻制，而灵长类动物坚持一夫一妻制则高达 25%。英国剑桥大学的蒂姆·克拉顿·布罗克等人对 2500 多个哺乳动物物种进行了分析，表明单一配偶制实际上是雄性守卫雌性配偶的结果："当雌性分布范围很广泛的时候，最好的策略就是一个雄性坚持并保护一个雌性，确保成为该雌性所有后代的父亲。总而言之，这时候雄性最好的策略就是实行一夫一妻制。"

　　爱情具有排他性，这是一项公认的事实结论。当把爱狭义地理解为专指男女情爱时，就体现出了它的自私性和排他性。固有的一对一的感情结构，也是文明社会的必然产物。爱情不同于友情的通用和热情，因为朋友可以很多，但爱人只能有一个。

　　关于爱情是什么的答案五花八门，没有所谓的标准答案。理论中说到的本质是愿为对方承担责任，并成为不可替代的人。爱中的自私其实也是爱的表现。对方对你好的同时，也会期待你以相同的感情回应，这皆出自于喜欢彼此、在乎彼此。

　　心理学家说，爱情是人类所有情感体验中最深切的一种，是异性之间产生的超越一切功利因素的情感激动、吸引、牵挂和呼应，是两个人毫无保留地相互敞开心扉、接受彼此、给予对方约定和承诺，并且隐含着对今后美好生活的热烈期待。

　　心理学家将爱情归为人与人之间强烈的依恋关系，爱情是由愿望、欲望和向往等部分组成的。占有的欲望越多，则外在的自私表现得越重。两个独立的个体结合后，在法律保护的框架内，同样具有排他性，夫妻名义是互相独占的，在法律和道德的范围里也不容许共享。

◗ 爱情的专一源于投入

人类理想的情感状态一定不是因自私而产生的猜忌、嫉妒、占有和背叛。在这份由两人缔结的契约中，包含着多年的习惯和付出，也许会坚硬无比，也许又脆弱易碎。开始于自私的占有，终止于无私的分享。所以人们经常说：**爱情只有三个字，一个"我"、一个"爱"、一个"你"。**

如果要用简洁的语言来描述爱情的定义，很多人一开始会觉得很容易，但马上就会觉得很难，有一种"只可意会不可言传"的感觉。"有且仅有"这个数学概念代表了唯一性，却可以移植到感情中，爱情作为一种需求和欲望，其绝对性也指向了唯一性。无论是恋爱还是婚姻，不满意可以选择结束、潇洒离去，再去追求另外的感情，但身在其中却不能辜负对方，如此也就辜负了自己。许多人心目中的爱情与专一性是不可分割的，我们都值得在一段感情里得到对方"我爱你，且只爱你"的承诺。

进化心理学研究表明，一个长期稳定的配偶更有利于在严酷的洞穴人世界抚养后代长大。婚姻类的承诺以排他性为代价提供了优势。根据社会心理学家卡莉·鲁斯布尔特（Caryl Rusbult）在 1980 年建立的两性关系投资模型看，那些在一段关系中投入更多资源——时间、精力、金钱的人更容易忠于这段关系，而投入较少的那些人似乎会淡漠些。2007 年的一项研究发现，爱情促使人不考虑其他可能性，对爱人表示相思写情书的人更能压制住自己对有吸引力的异性的妄念。这与另一项研究结果相一致，即处于恋情关系中的人对别的异性注意力降低，并且异性对他们本该有的吸引力也下降了。

在我们的爱情观里，两个人在一起的时候要互相宣告主权，主动晒朋友圈，让对方融入自己的社交圈……因为爱情的本质需求并没有改变，把对方当成爱情里的唯一，拒绝其他诱惑！这不是在爱情里的付出，这是对彼此、对一段感情最起码的尊重。

◖独占就有理吗

但爱情的唯一性是否表明一味地独占对方就是对的？事实上，如果在一段爱情中一方占有欲太过强盛，那么给另一半带来的则不是快感，而是巨大的压力。这会对这段感情产生很大的负面影响，也许因此就会走到尽头。因为不懂得尊重别人的人，又如何懂得维持一段感情呢？

一般人都不喜欢自己的另一半在感情中有过分的表现，偶尔"吃醋"是可以接受的，毕竟"吃醋"也算是一种在意，在一定程度上可以促进两个人之间的感情。不过如果伴侣只要看到另一半与异性交谈都要生气很久，或者说在私底下告诉对方不能够与他之外的异性交流，那就是一件很过分的事情了。毕竟在一段感情中，即使两个人是情侣，也要给彼此一定的私人空间，如果一个人总是想独占对方所有的时间和空间，那么只会给人太过压抑的感觉，甚至由此发生争吵、对抗。试问这样的感情还能够持续下去吗？

所以在感情中一定要懂得尊重对方，

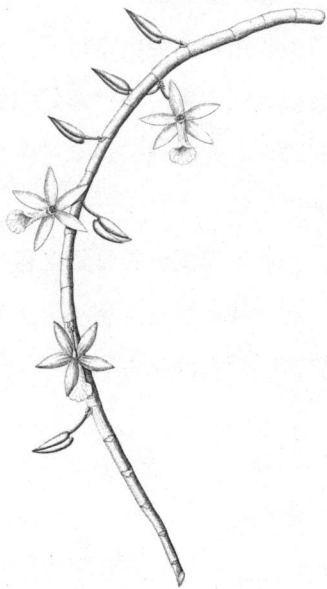

即使你的占有欲过于强盛，也尽量不要表现得太过明显，否则另一半就会觉得很害怕，因为他承担不起你对他的这份病态之爱，会给你们之间的感情造成很大的伤害。当然最好的解决方式是敞开心扉、相互沟通交流一下，毕竟有时，占有欲强盛也会给两个人造成不必要的误会，这样的伤害其实是很令人遗憾的。

如果想要一份爱情走得更远，就不要独占欲太强，因为和这样的人待在一起，就会感觉爱情不再美好，就像一个囚笼，压抑而又逃脱不得，所以不要误读爱情的独占。

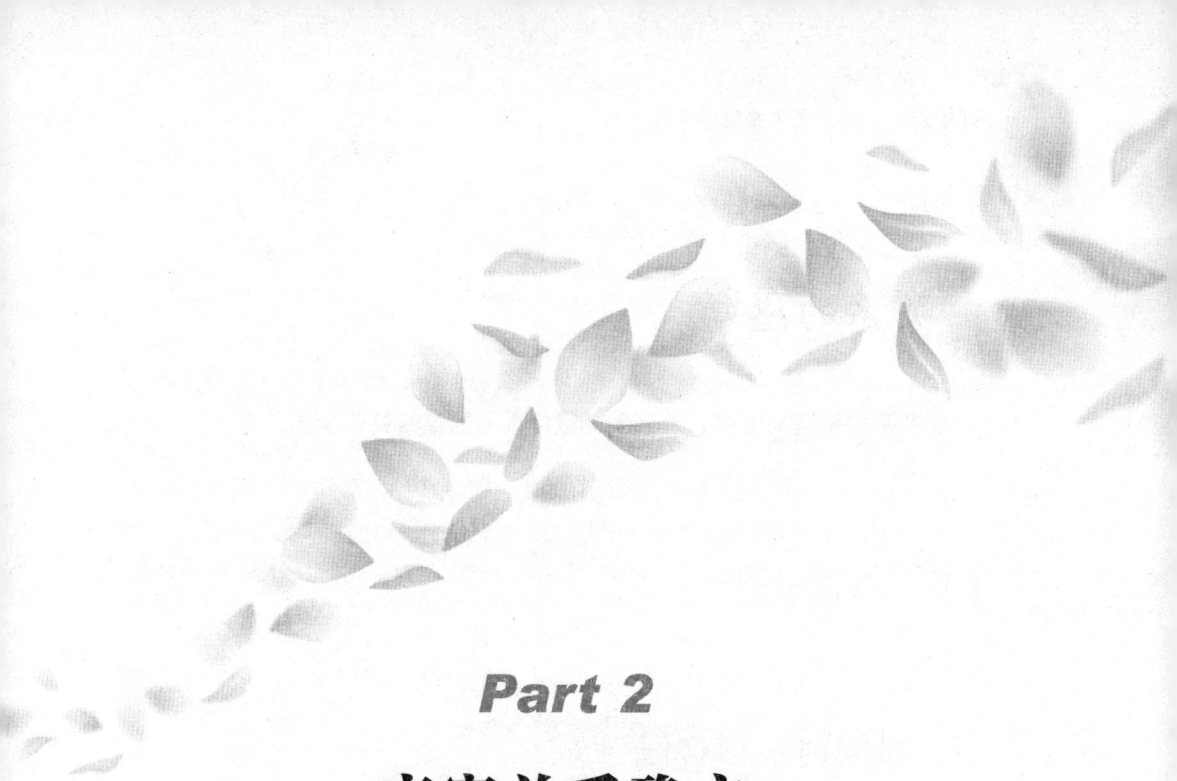

Part 2

亲密关系确立

关系的感知

在亲密关系确立之初，首先要知道你面对的是否就是亲密关系。

如果别人喜欢你

当和自己心仪的对象或者异性刚有接触的时候，不管是男生还是女生，一定会有这样的想法：对方对自己感不感兴趣？喜不喜欢自己？可以通过哪些渠道获取这些信息？如果能够清楚地判断出对方心里的想法，既可以轻松与对方沟通，还能最大程度地节省时间，展现自己魅力的同时给对方更多的安全感。

虽然对方已经说出来喜欢你或爱你，也不一定是真实的信息，而表情语、情态语这样的无声语言反而不骗人！

◀ 表情语，看看脸上传达的爱意

所谓表情语，是指人体肩部以上，主要以面部为中心的区域所呈现出的相关信息，其中比较重要的部分是眼睛、嘴部和眉毛，西方人还习惯于使用肩部动作。在人际交往中，眼神交流非常重要，根据一个异性的视线在你身上停留的时间，就可以推断出他是否喜欢你。如果相较于其他人，他望着你的时间更多，那这就是一个积极的暗示，至少在某些方面他是对你感兴趣的。当然，如果对方不敢与你对视太久，但看你的频率很高，也可能是喜欢你，只是比较害羞而已。

有时我们的眼睛比我们说出来的话更为诚实。当我们被某些人、某些事吸引的时候，瞳孔就会放大；而当我们对某些人、某些事不感兴趣的时候，瞳孔就会缩小。当你看到某位异性的眼睛睁大、瞳孔也在变大，这就是一个很明显的信号，表明他有可能爱慕你，被你深深地吸引了。如果进一步约会，就会有目光的交汇，随之两人的身体也会彼此靠近，进入交谈距离，这可能就是恋爱的开始。

眼睛上端的眉毛是一个我们认识不够，但时常参与表达的器官。如果他喜欢你，它主要的表现是上扬。由于喜欢你，虽然你的意中人可能会在与你相处时躲避你的目光，但他的眉毛却掩饰不住。与你交谈时，如果他睁大眼睛、眉毛上扬，那他一定是对你感兴趣。

此外，迷人的笑容也是一个可靠的信号，当一个异性朝你露出"天真烂漫"的笑容时，那十有八九是对你感兴趣、想要接近你。

如果眼光足够敏锐的话，你会注意到一个异性接近你时会脸红，那他对你的好感就再明显不过了。但是脸红并非是羞涩的人所独有，任何一个人见到自己心仪的对象都可能脸红。因为脸红是人类无法控制的身体反应，如果他面对你时会脸红，那毫无疑问就是喜欢你。这一点男女都一样。

歪头也可以成为指示他是否喜欢你的信号。如果对方的头偏向你，这表明他很用心地倾听你说的每一个字。同时，这也意味着他真的在意你在说什么，并且很享受与你对话的过程。

◀ 体态语，其实身体是诚实的

体态语包括人体的躯干和四肢部分所表达出的信息。很多人都有这样的经历，面对自己喜欢的人就会坐立不安、无所适从，这可能就是一个明确的信号。这种身体不自觉的紧张，更体现出满心的期待和跃跃欲试。如果你发现他也坐立难安的话，说明对方与你心意一致。

此外，对方会下意识地模仿你，这是另一个表达喜欢的信号，从眨眼睛的频率到说话方式都有可能模仿。这是因为我们会很自然地去做自己喜爱的事情，当双方相谈甚欢时就会步调一致，比如你笑他也跟着笑，可能会同时举起杯子，会同时开口说话，这也可以理解为一种属于两个人的默契。

进入更亲密的关系后，身体接触的"暗示"就会增多，比如身体前倾，伸腿靠得更近一些，可能还会不经意地触碰。手和手的触碰，看似无意识，其实是一种爱意的表达，比如他请你帮他拿一杯水或者一件东西，无论是什么，如果他装作不经意间碰到你的手指，那应该是在传达一种爱意。或者一起搭乘电梯，人稍微多一点，他就会靠你特别近。当然形成彼此的触碰而不反感这一点很重要，如果相安无事，有可能会走出彼此感情发展质的一步。因为皮肤的触碰会激发人的激素上升，最大程度地调动人的感官，那感觉就像被电到了一般，心跳加速、浑身燥热。要是你的意中人愿意和你有身体接触，这毫无疑问说明他喜欢你。如果他看起来是无意的，你更要注意，这意味着他正尽力引起你的注意，想要把对话进行下去。

和对方讲话和开玩笑的时候可以很自然地摸一下他的头，这就是所谓的"摸头杀"，不管男女都会有一种被宠爱的感觉，对方的心里会非常甜蜜。如果此时你们还只是朋友的话，就会产生一种恋爱的错觉，这样一来彼此心动的概率会大大提高，你们在一起的成功几率也会翻倍。

女性允许你搂抱她的腰部就更是一个令人兴奋的信号，因为轻轻地拥抱她腰部的时候或许会让她瞬间动心。搂抱腰部是相对比较近的肢体接触，也是增进彼此之间距离的最佳时机，大多数女人都期望被男人触碰腰部，因为这样才会真正地感受到你的存在。

如果还不确定是否要进行进一步的身体接触，可以试试类似主动出击的做法，比如女生从随身带的包里取出一支护手霜，多挤一点儿，然后对他说："哎呀，挤多了，有点浪费，给你点儿。"然后你就自然地拿起他的手把护手霜涂抹在他手上，不要跟他有眼神接触，你的动作越自然，他的心越是会砰砰乱撞。

当然，所有单一渠道获取的信息都不会完全准确地帮你作出判断，如果只依靠单一渠道获取的信息就作出判断，就成了盲人摸象，只会让你的判断出现偏向，至少是不准确的。要把你看到的表情语、感受到的体态语以及对方的言谈都放在一起综合了解，才会尽可能最大化地形成正确认知。

这可能不是亲密关系

罗先生是一位"北上广"的白领，正在追求一位空姐董小姐。董小姐最近要过生日，罗先生打电话给广播电台的节目组，让主持人借节目的机会祝她生日快乐。可是万万没想到，当主持人打电话给董小姐，试探性地表达了意愿后，董小姐却自称身边有 15 个追求者，而自己并不想和他们恋爱，只想保持普通朋友的关系……罗先生在得知此"噩耗"后却仍痴情地表示：早就知道董小姐的追求者众多，自己只是其中一个，但自己并不会就此放弃，希望董小姐多给自己机会。故事的最后，主持人送给罗先生一首歌曲《没那种命》，用来哀悼罗先生的漫漫求爱之路……

在感情中，最悲催的莫过于你全心全意爱着一个人，却被当成了"备胎"还不自知。你无数次表白后，那个人不接受情侣关系也不拒绝跟你做朋友，笑着说你是个好人；而这张好人卡，让你以为看到了希望。

很多男生就是这样，面对喜欢的女生，即使被拒绝了，仍觉得对方既然愿意接受自己的好，那就还有希望，想用"对她更好"去感动她、赢得她的芳心。于是默默地留在她身边，她开心的时候看着她开心，她不开心的时候陪着她不开心，但她的一切情绪却都是因为别人。

"是谁导演这场戏，在这孤单角色里，对白总是自言自语，对手都是回忆，看不出什么结局。"正如许茹芸的歌曲《独角戏》中唱的一样，"备胎"的求爱之路更像是一场只有自己、没有互动的独角戏。

《计算机和人类行为》杂志上发表的一项研究里，把"备胎"定义为"与某人当下并非恋人，但维持某种程度上的联络以备将来可能发展出的恋爱或性方面的关系"。从心理学的角度说，"备胎"现象其实是人际交往中的正常现象，与别人保持"备胎"关系，是有竞争进化规则在其中起作用的，它只是下意识地搜寻所有潜在配偶，找到最适合自己的。在亲密关系中，谁都希望对方遇到自己之后不再选择他人，而且陪着对方走到最后的也是自己。但问题是，如果告之他就是个"备胎"，有谁会愿意呢？

◗ 成为"备胎"的表现

"他以为他是首选，其实他是备胎。他以为他是备胎，其实他是千斤顶。他以为他是她永远的备胎，其实他是云备胎。"如何判定自己成了"备胎"呢？

如果和心仪的异性聊天时，你永远是主动聊天的那个人；习惯了不求回报地为对方付出，送礼对方照单全收；总是欣喜地接受你给的一切，说一声"谢谢"后再无其他回应，更不要说回礼了。那么当心了，你的"备胎率"高达百分之八十。

不爱你的他，压根不会考虑你的感受，几乎每次都是直奔主题，来不得半点推托。对于你说的话根本不在意，只顾自己的感受。不会看到你身上的

"闪光点"，反而会堂而皇之地提出各种要求，更不要想他会介绍自己的朋友、家人给你认识，因为他很怕你们的感情见光，自然不敢约你去见自己的亲朋好友。

你明明已经表明了有多爱他，有多想和他在一起，可是对方却假装不懂似的，或者嘴上说着不行，却又总是向你靠近，让你产生错觉：他爱你。他总是会在需要你的时候向你靠近，不需要你的时候又冷漠地将你忘记。如此反反复复，总是让你猜不透他的心思。

在知道一个异性名花有主的情况下，还自愿选择站在其身后等他回头，可能到头来，感动的只有自己。或许他会主动和你聊天，会向你抱怨自己的感情问题，也会在你安慰陪伴后给你感激的回应，让你产生继续守护的勇气。又或许告诉你，他虽然有伴侣，但是俩人感情不好；给你暗示，觉得你比他自己的伴侣更理解他；但是当他真正喜欢的人需要时，又会抛下你去向那个人的身边。就这样，给你希望，又让你失望。

那些乐于养"备胎"的人，其实内心一般都比较空虚，需要很多情感去弥补，因此一个人是很难满足他的。骨子里是对自己不自信，对伴侣也不信任，没有安全感，总觉得感情可能不长久。万一分手了还有替补，不至于那么难受，以抵消自我的挫败感。此外，他们内心不够成熟，没有办法应付内心的欲望，自己也不愿意去努力，只想借助他人来替自己承担。没法集中精力去做自己想做的事情，自己想要的很多，但自身条件又满足不了，只好想方设法去涉猎可以满足自己的异性。

◖ 为什么"备胎"是你

虽然"备胎"一贯是付出的低姿态，但也并未全部为爱所折腰。在亲密关系中，"备胎"往往具有"讨好型人格"：我喜欢你，我要让你开心、让你高兴，我是凡人配不上你，所以只能拼命对你好。在日常生活中，这样的人性格比较和善，特别在意别人的感受，从而忽视自己的感受。因为缺乏界限感和原则，所以别人能够一再突破他的底线。

美国心理学家萨提亚女士将我们在关系中的沟通姿态分为五种，其中具有讨好型沟通姿态的人是这样的，在言语层面——同意："这都是我的错""我想要让你高兴"；在情感层面——祈求："我很渺小""我很无助"，恳求的表情与声音，软弱的身体姿势；在行为层面——举动：过分的和善，道歉，请求宽恕、谅解，哀求与乞怜，不介意让步。"备胎"们在爱情中采用的沟通姿态通常是讨好型，不珍惜自己本身的感受，希望用乞求的方式来得到爱。

如果在一段关系中，你的姿态永远是讨好的，想通过讨好的方式换来对方的青睐，别说追求不到，就算追求到了，通常也无法得到所追求对象的珍惜，能走多远都是未知数。

此外"备胎"们也许还是"痴迷型依恋"的患者。依恋模式是指人类在婴儿时期与母亲的互动以及依赖的模式，这种模式会在成年后的人际关系中起着很大的影响作用。"痴迷型依恋"的人害怕独处，希望在亲密关系中投入全部的情感，会对没有亲密关系感到不安。当一个人无法与自己和平共处，对单身的状态感到不安时，会更容易去依赖一个不适合自己也不爱自己的对象。即使发现对方对自己不感兴趣时，由于害怕再次陷入单身的状态，为了不从关系中脱离出来，就会通过讨好的方式维持现状。

"备胎"通常还表现为自我价值感很低，所以在潜意识中他们对于能否与自己心仪的对象建立亲密关系也常持一种悲观态度，即"我不值得被爱""我一无是处""我觉得自己毫无价值"等。这种对于关系的消极认知会反过来影响他们的追求方式以及与心仪对象的相处方式。因为他们在与心仪对象交往过程中的言谈举止以及一些肢体语言中往往就会有意无意地透露出"我不可爱，所以你不会喜欢我"的信息，于是对方接收到了这样一种信号，就会按照"备胎"们内心中投射出的错误期待来对待他们。到此为止，"备胎"们终于"梦想成真"，他们最害怕的反而变成了现实。

最后，这种状态又牵涉到"沉没成本"，总觉得再向前一步就看到希望了，已经付出了这么多年，放弃了多可惜，万一还有希望呢？但其实这种感情中的"沉没成本"，就像泼出去的水，是无法收回来的。所以结局只有两种：一是快刀斩乱麻，及时止损，让自己受到的伤害减少到最低；二是继续付出，永远看不到希望，直到有一天被耗到绝望。

◖如何成功逆袭

首先，改变讨好型人格和在亲密关系中消极的沟通姿态，逐步养成一致型的沟通方式。在言语中尊重现实、尊重自己、尊重别人；在情绪上稳定、乐观、开朗、自信。当务之急就是先从尊重自己当下的感受和情绪开始，在亲密关系中形成表里一致的沟通方式。

其次，寻找真正适合自己的另一半。在一个不合适的人面前，所有的痴情和关心对于对方来说只是生活上的负担。不高攀也不必低就，"备胎"们需要接纳当下的自己，并且找到与自己相似的人来共同成长、一起进步。**爱情，从来就不是依靠乞求得来的，而是在你情我愿的模式下谱写的一段双人舞。**

关系的选择

选择一个合适的他，似乎没有那么简单。

还是要讲门当户对

很多人会说这个问题简直是老生常谈，现在早就不应该讲门当户对这一套了。真的不需要了吗？不妨先看这个例子。

近日，一种在江浙一带被称为"两头婚"的婚姻模式引起了人们的关注，简单说就是夫妻两头走，"我家不是嫁女儿，你家不是娶媳妇"。"两头婚"基本都是女方家的要求，姓氏能接着往下传，男方不出彩礼，少付一半酒席钱。在"两头婚"的家庭里，有的家庭会让孩子管女方的父母叫爷爷奶奶，有的不叫，都由家人自己决定。

在孩子冠姓的问题上，一般是订婚时两家商量好，要么生两个孩子，一个孩子冠一家姓；如果女方没想好生几个孩子，可以暂时生一个孩子，同时冠上双方的姓，取个四字名字，之后如果女方想要二孩，可以在冠姓时将姓的顺序调换。

大部分选择"两头婚"的家庭，主要是因为双方都是独生子女，各自父母都舍不得自己的孩子。夫妻双方除了是自由恋爱外，特别强调了门当户对，这样双方基本经济情况差不多，就不会亏待哪一方，自然也不要想占到便宜。此外，还要强调家世清白，这样后续出现矛盾的情况也相对较少。

即使不讲这个例子，也不能忽视这样的现实，很多高喊着"婚姻自由"的年轻人，在不顾一切地"闪婚"或者"裸婚"后，婚姻生活中却出现了很多问题，既有鸡毛蒜皮的小事，也有关于金钱、未来的大事，处理好了皆大欢喜，处理不好就针锋相对导致一拍两散，而处理不好的原因大概只有一个：价值观不一致。看来门当户对也是有道理的。

◖ 怎样理解门当户对

门当户对在旧时是指门口台阶的高度相对等，因为在过去门口台阶代表着一户人家社会地位的高低，两家人门前台阶对等就意味着门当户对。现在，门当户对变成了一个标准，一个衡量社会财富、地位的标准。

为什么老一辈总是会说"门当户对"？因为这个标准在很大程度上决定了家庭教育的高低，塑造出不同的人生价值观。好的婚姻，是精神上的门当户对，而对"如何看待婚姻""如何看待金钱""如何看待成功"这些大是大非问题上的分歧，就是考验三观上是否接近的最重要的因素。**最幸福的婚姻，大概就是：三观一致，互相理解，彼此成就。**

真正的门当户对，要考虑：一是两个人的原生家庭经济实力、社会地位是不是处于同一层次；二是两个人的思维模式和处世态度，以及对于世界、生活、金钱、爱情这些重要命题的理解程度是不是有共鸣。

在《亲密关系》这本书中，作者罗兰·米勒指出亲密关系里面好的婚姻表现主要有三种表现：

首先是相互具备吸引力。 吸引力包括对美的认识，对三观的认识，以及在谈话交流等各方面的彼此认可。其中，吸引力更涉及一种回报和收入的问题。人们往往都认为，在婚姻爱情中，与自己相似的人更具有吸引力，这里的吸引力是因人而异的，没有一个绝对的标准，但是在特定的一对亲密关系里则必须是对等的。

其次是相互具备情感上的社会认知。社会认知指的是亲密关系中的双方对各自的社会地位、爱情地位、人际交往地位的认可程度。好的婚姻中的夫妻都会具备大抵相当且不错的社会认知能力，并且都能从社会人际层面上认同对方的内心，简而言之就是社会交往和一定的造福社会和认识社会的能力。双方都要具备大致相等、并驾齐驱的社会情感上的认知能力。

第三是相互具备情感权力。这里的权力强调的是一种相对权力，情感方面的权力不是指支配夫妻共同财产、共同房屋等具体物品的权力，而是指双方对于情感层次上的关于交流、信息、暴力、强迫和顺从等方面的权力。这些权力，任何一对夫妻中都必须在一定程度上对等，否则彼此之间就会极度缺乏婚姻进步的渠道。

从上述三种表现上，我们可以隐约察觉到：三种符合良好婚姻的典型表现都不约而同地指向了一个要素，那就是情感精神层面上的"对等"，也可以说是"势均力敌"。这也可以被认为是一种情感上的平衡。

❆ 为什么门当户对重要

婚姻和恋爱不一样，因为婚姻不仅仅是两个人的事情，更是两个家庭的**事情。两个人婚姻质量的高低，表面上看是两个人感情的好坏，其实背后还有着两个家庭的相处是否融洽。**

首先，婚姻是一个漫长的相处过程，在这个过程中，涉及的是两个人之间的家庭背景、受教育程度、交际圈、拥有的社会资源和三观经历等之间的碰撞和交换。如果彼此之间在这些方面相差不大，都处在一个平面上，不仅遇到的矛盾和分歧会少很多，而且相处起来会更加融洽，拥有一段高质量婚姻的几率就会更大。相反，如果两个人之间的差距很大，那么不管是对婚姻的认知，还是日常的各种交流都会遇到更多的阻力和矛盾；因为没有太多的共同语言和话题，等到爱情的甜蜜被婚姻的鸡毛蒜皮所取代时，随之而来的可能就是各种争吵、关系的破裂，日子过得磕磕绊绊，各自都感到难受。这样的例子并不少见。

其次，可以增进婚姻的凝聚力。婚姻如果有了情感上的平衡，就能够更好的平衡彼此的内心交流。当碰到新的挑战的时候，伴侣的内心情感既不会出现很强的对对方的依赖性，或者自己独揽大权的专断性，反而更会存在一种默契。这样的默契，就是情侣之间凝聚力的基础，彼此会更加自然而然地团结在一起、拧成一股绳。

再次，可以增添各自的吸引力。除了一开始相识时候的强烈吸引力外，还有彼此在婚姻过程中的磨合、生活所产生的慢性吸引力，两者缺一不可。情感上的平衡，有利于两个人都保持一个比较平稳、和气的心态，对于对方的闪光点也更容易发觉。

最后，可以转移婚姻的负面注意力。如果情侣之间有了情感的平衡，就不至于为了一些负面的事情而吵架，反而会更多地把注意力放在如何缝补和弥合情感缺憾上面。很多时候，婚姻讲求的所谓门当户对，并不是完全倚重外在的条件，更重要的在于情感精神层次上的平衡和沟通，平衡精神情感的婚姻才是婚姻的应有之义。

◀ 如何做到门当户对

首先，还是要尽量做到门当户对。不要妄想去改变一个人，即使对方是和你共患过难的爱人。原生家庭对一个人的影响是刻骨铭心的，就算结婚了，远离了原生家庭，一个人的生活态度、说话方式，也会是他父母所塑造的那样，从一个人的身上总是可以看到他父母的影子，正所谓"江山易改，本性难移"。还有句话："活着活着，就活成了你讨厌的人的样子"，此言不虚矣！

其次，如果不是逢场作戏，就在恋爱中多花费一些时间，去深入了解两个人的思维模式、彼此的精神境界等是否合拍，这些内在的要素比经济实力、社会地位等外界因素要重要得多，也更实在得多。

当然，如果是为爱痴狂，一定要打破门当户对的定式，那么就需要依靠知识、见识等这些后天所赋予的素养拼命"挣脱"原生家庭的束缚，和情侣之间共同构建新的命运共同体，并时时不忘反思。这是不是有点儿难了呢？

爱我的人和我爱的人

"盼不到我爱的人，我知道我愿意再等，疼不了爱我的人，片刻柔情它骗不了人……离不开我爱的人，我知道爱需要缘分，放不下爱我的人，因为了解他多么认真……爱我的人为我痴心不悔，我却为我爱的人甘心一生伤悲……爱我的人为我付出一切，我却为我爱的人流泪狂乱心碎，爱与被爱同样受罪……"当年这首《爱我的人和我爱的人》被很多人传唱，形象地表达出很多恋爱中人的百转愁结。人们常说，愿有情人终成眷属，可见这件事并不容易。很多年轻人虽然一副不找到意中人决不进入婚姻的架势，但毕竟现实不会让人人都满意，是"我用青春赌明天"，还是屈从于现实？这是每个适婚者都逃脱不掉的命题。

◖ 有多少种不爱而嫁

除了得偿所愿的婚姻，生活当中明知对方不是自己喜欢的人还是要结婚的情况比比皆是。说起来可能有这样几种情形：

有的人凭着有容貌有身材的资本而去找有钱人结婚，是冲着钱结婚，指望通过婚姻去改变命运、改变自己的经济状况，所以喜欢不喜欢这个要结婚的人根本就不重要。虽然不提倡这种婚姻，但也不失为一种选择，至少不纠结。

有的人彼此结合是为了满足双方家长的意愿，因为这种婚姻的缔结对双方家族是有好处的，比如可以给家族生意带来帮助，或者可以巩固双方的社会地位，是政治上、经济上的强强联合。所以这种婚姻也不会考虑双方是否有感情、是否有爱的婚姻基础，总之考虑的是感情之外的事。

还有一种明明不喜欢还要去结婚，是无奈的，是一种不情愿。可能是欠了钱无法偿还，要用彩礼钱去还欠的钱；或是换嫁，就是嫁男方，再用男方彩礼钱换用在自家兄弟娶妻用钱上，这明摆着就是一场交易。

但以上三种情况并不会是大多数人的选择，很多人结合则是因为凑合。随着年龄越来越大了，父母着急儿女的婚事，自己也有了要赶紧结婚的压力，所以双方觉得差不多就会抓紧时间谈婚论嫁，也没有很好地考虑未来要和自己过日子的这个人自己是否喜欢，是否真的合适自己，感觉和感情都成了次要因素。

◀ 合适的婚姻可以尝试

有人常在网络上发起过"应不应该跟没那么喜欢的人结婚"的问卷调查，男性和女性的反馈有明显的差异：认为自己未来可能和不那么喜欢的人结婚的男性有 53.13%，而女性只有 33.33%。这其实反映出很多人对于感情与婚姻关系的真实态度。

我们平时可能更关注和强调相互喜欢而走向婚姻的事件，因为这是我们希望和鼓励的，但其实生活中即使相互喜欢但由于不合适而放弃结婚的人也有不少。有些女生总是会"非他不嫁"，一定要喜欢得不得了才结婚，但即便如此她们中也有的人嫁错了、有的人嫁对了，没有绝对的可以或是不可以。很多人很反感父母干预或做主自己的婚事，其实父母并非出于恶意或自私自利的想法，他们担心的还是子女婚后过得好不好，他们的意见未必就不值得参考，认可或听从父母的意见也未必代表某种失败和不幸。当然这种接受的前提是经过慎重思考而且确实合适。

最早知道"先结婚后恋爱"的说法还是在电影《李双双》里，剧中的主人公就是先结婚，然后慢慢培养感情的，这也不失为一种相处的方式。有很多人和不那么喜欢的人结婚，婚姻未必不幸福。没那么喜欢但是可以慢慢在相处中发现对方的优点，也会渐渐变得喜欢起来；而一开始爱得死去活来的人也可能渐渐变得不喜欢，人其实是会变的。

有些人要求是要先足够喜欢，再考虑双方合不合适，因为即使合适，这种不够喜欢的情绪也可能动摇婚姻，所以普遍觉得应该先喜欢了再结婚。由此，很多人就会纠结结婚对象是自己喜欢的重要还是合适结婚的重要，喜欢的并不代表合适的，合适的并不代表喜欢的，相互喜欢的人未必都能走进婚姻，而走进婚姻的人应该是适合自己的人。

婚姻和恋爱不同，仅仅有感情是不够的，两人在以后的生活里不能光靠感情过日子，选择合适的人结婚就是希望婚后的生活质量能好一些，因为合适的人会与你在很多方面较为一致，相对而言磨合的成本就会小一些，也比较容易达到生活的基本要求。**所以"有缘千里来相会"中的"有缘"是颇具深意的，既包括有感情，也包括合适。**

◖ 有时痛的不是不爱，而是失去主动

很多人否定一个人其实是很主观的，如果不喜欢这个人，就会处处看着不顺眼，这其实和"情人眼里出西施"是如出一辙的，很多时候没有道理可讲。而且如果对相亲这件事极度反感的话，也会把这种负面情绪折射到相亲对象上，也就不愿意更多地了解自己是否与对方适合，更容易忽视对方的优点。其实喜欢也不绝对，婚前的喜欢到了婚后可能就是看不顺眼。能不能和

自己喜欢的人结合，可能更多是关于爱情主动权的问题。

选择"我爱的人"，是把爱情主动权交到了对方手里，任由对方选择自己；而青睐"爱我的人"，则是把主动权牢牢拴在自己手中，更加自由地去选择爱情。和不喜欢的人结婚的确是婚姻中最痛苦的，因为不喜欢这个人就意味着失去了爱的主动性。很多人会沉浸于这种挫败感之中，而没有认真思考婚姻对自己的意义究竟是什么，往往从一个极端走向另一个极端，所谓"不自由毋宁死"。的确，没有感情的婚姻就是没有幸福的婚姻，但是从为自己的婚姻负责的角度，仅仅有感情也是不够的，所以婚姻幸福与否与自己的选择关系重大。

◖ 选择不爱未必只能将就

鲁迅与朱安，这两人的婚姻是传统社会下父母之命、媒妁之言的婚姻。鲁迅是不得已和自己不喜欢的人结婚的，他有自己喜欢的对象——他的学生许广平。他与朱安结婚之后就直接搬出来住，而照顾他的人一直是许广平。对于鲁迅来说，许广平是他喜欢的人，也是他乐意结婚的对象，于是他多次跟朱安谈判，就是希望两人能够分开，但奈何自己的母亲阻挠。即使过了几十年，虽然媒体以及他的朋友们都把许广平当成鲁迅的妻子，但鲁迅的原配妻子还是朱安。

胡适与江冬秀，两人也是和自己不喜欢的人结婚。但是婚后胡适并没有冷落自己的妻子，而是选择去了解她。而江冬秀也为了胡适作出了改变，她让胡适教她识字、放弃缠足；在与丈夫关系日益向好的同时，也起到了贤内助的作用，将家中大小事宜都打点稳妥。

鲁迅与胡适两人，同样都是跟自己不喜欢的人结婚，为什么婚姻的结局不一样呢？对于鲁迅来说，他觉得他不应该和自己不喜欢的人结婚，即便是勉为其难接受了，那也是一种被迫的接受。而于胡适而言，即使和自己不喜欢的人结婚了，他也愿意去了解这个人，再谈喜欢与不喜欢。有时日久生情远比一见钟情来得更实在。

恋爱中的爱情是需要有激情的，而激情维持的时间不会太长久，所以爱情是会过期的，而婚姻要靠很多因素才能维持下去。那些轰轰烈烈的爱情最终都会在柴米油盐酱醋茶之间、在锅碗瓢盆交响曲中渐渐平淡下来，还要继续下去就得相互之间不讨厌对方；于是才有了"平平淡淡才是真"，慢慢在相处中发现对方的好，尊重、敬重对方，感恩一起生活的点点滴滴，才能维持家庭关系、保持婚姻稳定。所以爱情需要感性，而婚姻则需要理性。

其实婚姻既简单又不简单，走入婚姻之后，双方要有话可说，相互之间能够体谅，能够包容对方身上不喜欢也不那么讨厌的东西。同时相互扶持，一起走完漫漫人生路，也许这就是幸福婚姻的真谛。

男人不坏，女人不爱吗

最近看了不少电视剧，发现里面的男主角都不是传统意义上的好男人，比如《幸福里的故事》中的李墙《知否知否，应是绿肥红瘦》中的顾廷烨等各种霸道总裁形象。而《清平乐》中则提供了一个反例，徽柔公主下嫁的驸马李玮有点绘画天才，虽然二人相敬如宾，但李玮却为人无趣，结果婚姻也不幸福。于是就提出了一个千古命题：**为什么男人不坏，女人不爱？**

◖ 做好男人很累

在日常生活中，我们经常会看到，女人往往对那些老实平淡的普通男人并没有太大的兴趣，相反却对整天油嘴滑舌的男人有着特别的钟情。成天规规矩矩的男人并不是不好，而是对于女人来说，这类男人无法给自己提供内心的冲动，自然是没有好感与之继续接触下去。

好男人大多这样，瞻前顾后想得太多，每做一件事都要考虑责任和后果，结果畏首畏尾、未战先怯。每当看到一个女孩，总是先去想自己配不配得上人家，想着想着就退缩了。想到时机不对，想到地点不对，想到家人会反对，最后就变成了自己好像并不想和她结婚。不完全中意的人不会去追，条件不成熟的人不会去追，未来前景看不清的人不会去追，限制极多，结果是自我束缚、一无所获。

好男人恰如乖孩子，时时为人着想。他们一心一意地爱着对方，还带点大男子主义，有点问题都自己扛，看起来沉稳又成熟，可回报他们的却更多的是索取。他们就是不敢踏出第一步，或者发展下一步。还有一些人太过正直，任何事情都会上纲上线，他会很爱人、很疼人，但是在他的生活中，都是人生大道理，太过正经，一副公事公办的样子。这样的人虽然品德没有问题，但是在一起生活就会感觉太累。

◖ 喜欢"坏"男人有生理依据

人们在十几年前就已经发现，女性对男性的"口味"会受到月经周期的影响：处于排卵期（此时受孕的可能性最高）的女性比处于非排卵期（此时受孕的可能性较低）的女性更容易被富有男子气概的"帅哥"所吸引，处于排卵期的女性甚至能凭借着男人穿过的 T 恤上的气味分辨出哪件 T 恤的主人长得更有吸引力。

进化心理学告诉我们，女性有两种择偶策略，即长期择偶策略和短期择偶策略，前者适于用来"找丈夫"，后者适于用来"找情人"。当女性进行长期择偶时，她们更注重男性的经济条件、社会地位以及良好的性格和性忠贞程度（即"好男人"的品质）等。毫无疑问，财富和地位使得男性有能力为一个女人及其孩子的生存和成长提供丰厚的物质资源，而良好的性格能营造稳定和谐的家庭环境，性忠贞则保证他只为一个女人及其孩子提供物质资源，这些最终都有利于女性让自己的基因更有效地得到延续。

正因为在进化上具有一定的优势，女性的这两种择偶策略都被保留下来了。应当注意的是，所谓的女性择偶策略，并不是指女性有意识地、理性地思考后"想出来"的择偶手段，事实上她们对自己正在运用何种择偶策略并没有清晰的意识，这是女性在经过漫长的进化历程之后，天生地拥有了这样的择偶本能。正因为如此，女性才会受到排卵期荷尔蒙的"欺骗"——她们因本能而应用了短期择偶策略而喜爱"坏男人"时，心里却认为该男人是自己长期择偶的合适人选。

◖ 此"坏"不是彼"坏"

坏，意味着打破规矩、突破常理；因为有了这种勇气，他们才能带来更多刺激、新奇、有变化的相处模式。普通男人的内心几乎都是千篇一律的，而"坏"男人不会按套路出牌，他们往往独树一帜，经常能给女性带来一些小情趣。**大多数女性都希望自己的爱情之路能够轰轰烈烈，享受爱情过程中所拥有的许多趣味和欢乐，而"坏"男人往往能够满足女性这方面的需要。**

"坏"男人更懂得怎样哄人，有着独特的小情调。女人在等你说一句"我爱你"，普通男人却觉得这话说出来太羞耻；女人等你哄哄她，普通男人却觉得在原则问题上退让了今后还怎么过日子。众所周知，在男女交往的过程，如果一个女人对你有好感的话，往往并不会直接说喜欢你，而是会给出一些小暗示。一般比较"坏"的男人因为拥有比普通男性更高的情商，一下子就会懂得女人的那些潜台词，并且会进一步把气氛引向更有利双方的环境中。"坏"男人的这些小情调会让女人与自己的沟通交流更加舒适，自然会提升不少对他的好感度，也会增加双方继续交往的可能性。

女性天生就喜欢男人给她们平淡的生活带来新的生机，比如绝大多数女人都喜欢男人幽默，时不时地能说一个让自己笑到肚子痛的玩笑。当一个男人学会如何通过自己的幽默让女人捧腹大笑时，往往说明大多数女人对于这个男人已经有了不少的好感。在现实生活中，有许多其貌不扬的男生因为比较"贫"而得到不少女生的喜欢，就是实例。

经常有人说，"好白菜都让猪拱了"。其实在这个世界上，每个人都希望有人每天能给自己制造一些欢乐，而女人对此更是尤为看重。一个女人可以接受男人的颜值不高，也可以接受男人的经济条件不够出众，但是女人对于那种性格木讷的男孩子往往不会存有一点好感，只想离得远远的。

坏，还体现为一种激发母性的孩子气。我们的基因在漫长的进化中早就为我们选择了角色，女性天生就擅长照顾人，这个属性一般被称之为"母性"。理所当然，要激发母性，就需要一些孩子气。此外，很多女性最终会喜欢上那些所谓的"坏"男人，是因为"坏"男人除了有着一颗爱她的心，更敢于承担责任。在生活中，有任何事情男人都要站在最前面，大部分女人对于唯唯诺诺的男人没有兴趣，因为这类男人缺乏所应具备的自信和果断。

这里说的"坏"男人还指那些敢于争取自己爱情的人。"坏"男人脸皮厚，当男女相处彼此都有意的时候，如果有一方主动，那么就有可能成就一段姻缘，往往那个主动的人都是男方。当一个女生给出某种暗示时，"坏男人"敢于主动作出回应，从第一次牵手和第一次亲吻开始，成就一段爱情。这样的"坏"男人，因为敢于在关键时刻做出行动，冲破彼此之间现有的状态，才能让两个人的关系得到进一步的发展。

◖ 走向成功之路

首先，要对自己坦诚。如果想要接近对方，那就不要瞻前顾后，怕被拒绝，大不了就是被拒绝嘛。你觉得对方很好，那就告诉对方；讨厌某个人，那就躲得远远的。不要以为这些行为会让对方勃然大怒，要明白，真诚是一个让人放心的属性。相比起一个客客气气却永远不知道对方在想什么的人，毫无心机、有话直说的人简直太可爱了。有时我们无法融入其他文化之中，原因就在于我们同外国人相比，太不善于表达、太过不露声色了。

其次，别问，多做。"好"男人总是倾向于用反复的确认来等待一个安全的讯号，循规蹈矩久了，就以为什么事都必须得到许可才能去做。然而很遗憾，这个世界并没有那么安全，一味惧怕不良后果的人就会显得优柔寡断。犹犹豫豫、瞻前顾后的人是很难获得最终胜利的。

最后，男人就是男人，对事情要有自己的看法和决策。能够快速作出决策的人会显得自己很强大，胸有成竹的态度会让自己更有魅力，比如不用问女人"喜欢吃什么"，而要告诉她"我要去吃那个，你去不去？"；不要问对方可不可以碰她，想拉对方的手就去拉，即使被甩开了也无妨，因为这就是男人该有的样子。

好看的皮囊VS有趣的灵魂

有句话大家应该不陌生，"好看的皮囊千篇一律，有趣的灵魂万里挑一"，虽然话中的态度非常鲜明，但实际生活并非如此。当今社会就是一个看脸的时代，很多时候身不由己，很多网友和小伙伴们依然心存疑惑，内在和颜值到底哪个更重要呢？特别是涉及到伴侣的选择上。如果我们问一些年轻人，

"你选择另一半的要求是什么？"他一定会说："必须长得好""颜值即是正义"。这在有些人的感情生活里，的确如此。虽说是"缘分天注定"，那么当这个选择出现的时候，应该如何取舍呢？

◖ 人人都是以貌取人

不可否认，当今社会就是个第一印象看脸的时代，是个以貌取人的世界，而且也不是今时今世如此，自从人类产生的时候就是如此，人人都是"外貌协会"的成员。长得好看的人总是能轻而易举地得到别人的善意、体恤，就像拥有一张通行证一样。长得好看的孩子从上幼儿园时就能够超级吸引老师们的注意力，长大之后会收到各种各样的情书、鲜花、巧克力，即使犯了错误也不会受到重的惩罚。因为好看，总有一些人毫无保留地爱着他们；因为好看，他们走到哪里都是焦点，从校园到社会，一路绿灯。

科学研究也印证了这一点。2016 年，芝加哥大学的杰西琳·王（Jacyln Wong）和加州大学欧文分校的安德鲁·彼尼（Andrew Penner）做了一项研究。他们发现，在年收入低于 4 万美元的女性中，那些被面试官评为更有魅力的人，要比没那么有魅力的女性工资高 20% 左右。虽然魅力并不等同于漂亮，但是魅力似乎更愿意和漂亮为伍。

的确，有趣的灵魂万里挑一，但是好看的皮囊，就算真的是千篇一律，但也似乎从没有遭到人们的厌弃。选美节目从来都受到追捧，从事艺术行业的人大多数都是俊男靓女。如果皮囊不重要，那为什么美容产业如此发达？朋友圈的代购，直播中那么多的明星天天给人安利、给大家种草、推荐各种面膜护肤品，不是为了让人消磨时光，而是为了让每个追逐美丽永驻的人满足自己的心愿。

如果皮囊不重要，汉语里面就不会有"蓬头垢面""面容枯槁"等那么多贬义的词语来形容人的外貌，也不会有那么多"丈夫抛弃糟糠之妻另娶美娇娘"的故事。想想我们看过的小说、电视剧，不管是霸道总裁，还是腹黑王爷，哪个不是帅的？被爱上的那个女主，哪一个是无比丑陋的？毕竟，爱"美"之心人皆有之。大多数人不会有太多兴趣想通过一个丑陋的外表去窥探对方是否拥有美丽的灵魂。

其实也不必那么腹黑，相貌或身材的美好容易让人形成善良、好接近的感觉，也会产生生理上的愉悦，也许这就是一种本能。

◖ 灵魂依然重要

其实这个社会也并不是对美貌总是充满善意。2019年，华盛顿州立大学的研究者莉亚·谢帕德（Leah Sheppard）在美国科学期刊《性别角色》上发表了一个研究成果。他称：貌美、有吸引力的商界女性，往往被认为不如外貌普通的女性诚实、可靠，她们在职场中更容易被开除。这就是所谓"荡妇效应"（femme fatale effect），荡妇指的是既诱人又善于操控的女人。电视剧《幸福里的故事》中的女主人公陈瓦儿就是饱受自己的美丽之苦，男生为之打架，女生为之嫉妒，连自己都觉得自己是不祥之人，所以只能不断转学。

在亲密关系构建的过程中，我们一方面在竭力寻找、挑选着长相出众的另一半，另一方面也必须接受随之而来的挑战。因为越是长相出众的人，吸引来的目光就越多，身边总有些挥之不去的爱慕者，这也是件令人头疼的事，尤其是对于另一半来说。此外，由于长相好的人本身就具备独特的先天条件，所以他们自身的优越感相对较强，不一定会珍惜已有的感情。于是有人调侃，长相好的人不靠谱。

庄子在《齐物论》中讲到，大自然是没有美丑之分的，不过是人为的结果罢了。其实，成年人都应该清楚，一个人的外貌和其身上的其他品质并无必然的联系。外貌并不代表一个人的思想高度，即使一个长得很丑的人，也不能说是一无是处。外貌只是一个充满遗传特征的因素而已，正是因为每个人都各不相同，拥有着不同的外貌、不同的性格，因此才有了各种各样、形形色色的人，才组成了这个五彩缤纷的世界。

我们都会有这样的经历，走在街上，经常能碰见穿着光鲜靓丽的姑娘，然而一张嘴就爆了两句粗口，行为也是粗俗不堪；前一秒还觉得是个人间尤物，后一秒就想逃之夭夭，真是再也不想多看一眼。

漂亮的容颜，一定会吸引人们的目光，给人留下或美好或深刻的第一印象，但实际上言谈举止才是真正能够显露内涵和学识的标杆。要知道，容颜易老，日子要过下去，离不开的还是为人处事、个性品位、性格思想等，这些才不会在岁月面前不堪一击。

更何况，一个人内在的修养和才华终究会融入身体，呈现出独属于自己的气质和格局。正所谓"相由心生"，一个人是温柔还是蛮横，是善良还是邪恶，很多时候都已经从内心写在了脸上。那是来自灵魂深处的延展，是岁月的铅洗沉淀。

◖ 人品其实最重要

有些人会说，在一段感情里，既然容颜易老、灵魂难求，如果人性不靠谱的话，那么就选择殷实的物质条件吧，起码以后自己生活得可以更轻松些。这样想也对也不对。

如果一方生活优渥，彼此相处时，他会短时间内满足你的需求或是你的快乐，但是不一定能够带来踏实的感情。对方财富的多少，并不和这段感情里的幸福感挂钩。感情里需要以金钱为媒介，但是决定两个人能否舒适相处下去的远远不止这些。对此，心理学家的答案很一致，人品最重要。

在感情生活中，对人的把握往往才是最重要的，并非单一依靠对方的长相、财富，甚至包括所谓的灵魂；这些都是不客观的，甚至有些过于片面化。两个人从相处再到产生深厚的感情，甚至想牵手到老，这是一个细水长流的过程。有些人贪图对方长相，相处久了也会分手；有些人贪图对方的钱财，在一起时间一长也并不能保证感情不变质；即使图这个人灵魂有趣，也未必就能承受生活的柴米油盐。

人品才能决定感情的高度。人的长相源自先天，而后天环境的影响能磨炼自己的独特气质，所以有些人会越来越美或者是越来越帅。一个人的财富状况同样也是如此，随着自己的努力，会越来越好。唯独人品不同，一个人的人品是从儿时就开始逐渐形成的，到了成年，这种人格特征已经形成，所谓"江山易改，本性难移"。感情可以纯粹、可以无懈可击，如果感情靠不住了，可能是有些人的品格太差，他们不会对感情负责。

所以，能够跟随一个人一辈子的，终究还是他的人品。在一段感情中，无论是男人还是女人，能够对这段感情负责、能够相互包容、又能够彼此之间忠诚，这些都是非常重要的。然而这些都取决于一个人的人品。

初恋也是结婚的对象

初恋是每个人都会经历的，也是我们大多数人一生中最真挚的一段感情。而初恋的结果无非就是要么顺利走入婚姻的殿堂，要么无疾而终。那么和初恋对象结婚是否是一种明智的选择？和初恋结婚的几率到底有多大？

◀ 为什么只有少数人会成功

事实证明，初恋即结婚这种事是小概率事件，而到最后幸福白头到老的更是少之又少，所以只能说这些情侣是幸运儿，是受到了上天的眷顾。如果一定要给个成功的原因，首先他们满足了自己的爱情理想，这是很多初恋的人都可以做到的；但难得的是，他们双方都愿意继续走下去。

初恋是每个人情感历程的起点，相信每个人都憧憬过，也经历过。它最大的优势在于，这可能是人的一生中所有感情生活里最为纯粹的，没有世俗利益的计较，没有两个家庭结合带来的困扰，更没有其他杂质的存在。就仅仅只是因为"确认过眼神"，因为彼此相爱，所以就有了愿意和他在一起，愿意和他白头到老的憧憬。因为对方是自己第一个喜欢上的人，潜意识中会把对方定义为此生的唯一。因为是初恋，所以对那个时间出现的人还有着一份特别的感情，这份感情与之后其他所有的感情都有所不同，可以说是独一无二的。

其次，这份初心在未来的婚姻中保住了彼此的爱情，虽然不乏外界的诱惑，也经历过情感的挣扎，但最终获胜的还是初恋。同时他们也较为顺利地获得了维系家庭所需要的经济基础和社会地位这样的硬件条件。而有的则是生活中的其他客观因素让他们无暇破裂，强大的惯性推动他们走向人生的尽头。即使中间出现了一些波折，但还有孩子维系之类的原因使得替代成本过高而放弃了改变。

除此之外，除了幸运的因素，他们一定付出了比别人更多的努力。无论是情感信念的坚定程度，还是维系感情的坚韧程度，乃至应对彼此经年累月沟通的能力和水平，都是非常难得的。所以，他们应该是一群情商很高的人，他们善于在感情里张弛有度，即使是初恋也能做得很好，在随后的婚姻中也做得很好。因此，初恋适不适合结婚真的因人而异。

◀ 为什么大多数人无功而返

为什么初恋情侣结婚的几率很小呢？因为年轻，所以无知。每个人在经历初恋时都会沉迷于它的单纯，但又懵懵懂懂。初恋的男女都是白纸一张，而自己的最大优势仅仅是成为了他的第一次，只是比别人更早遇到了他。这样的理由太过简单和感性，经不起岁月的冲洗，大多数人其实还是不懂什么是真正的爱。

初恋时一般大家都没有恋爱经验，都爱得很笨拙，也不知道在一起怎么相处磨合，有矛盾或者争吵都是意气用事，不知道怎么去包容对方。因为初恋时大多数人对于感情知之甚少，不知道感情需要经营和维护。长此以往，一件小事都可能成为"压倒骆驼的最后一根稻草"。有网友曾经吐槽过："别看现在恋爱谈得卿卿我我、你侬我侬，但实际上，你现在只不过是帮别人养老婆而已。"这话看似调侃，实则是对恋爱现状的辛辣讽刺。恋爱为什么多坎坷少成功？还是由于阅历尚浅、心智尚稚，恋爱中的人缺乏爱与被爱的能力，在面临爱情和相处中的许多问题时常常缺乏思考，往往处理不当导致感情破裂。

究其根源，初恋者往往不太会考虑对方的感受，很少会站在对方的角度考虑问题，或者说是自我的成分比较多。

初恋女生看似可爱，但有时也会表现得刁钻古怪，让男生无所适从；有时又会对男生太多苛求，让男生感到神乏心累；有时还会要求男生表现出浪漫情怀，让男生挖空心思表现得与众不同。这种使小性子（其实是自我失控）的情绪化表现，既源于大胆的情感表露，其实也在于对感情的陌生和无所适从。她们会苛求完美、强求浪漫，会迷恋一些虚幻的、虚荣的内容，也不太知道掩饰自己的缺点。她们比较习惯于以自我为重心，而不懂得爱情是需要双向交流的，不懂得现实永远都是由缺憾组成的。初恋女生比较任性主要还是因为幼稚。

初恋男生往往只是情窦初开，没有恋爱经验自然就不懂得爱意应该如何表达，面对女生阴晴不定的情绪、每天必须面对的考验，以及女生指责自己不够浪漫的不满，大多数男生都会感到无所适从，茫茫然而不知其所以然。加之男生本身的成熟要晚于女生，确实在心智和能力上都会显得捉襟见肘；往往因此而分手，但却会在经历初恋后有明显的成熟和提高。所以，男生在初恋中一般体会到的都是浅尝辄止的爱。

虽然初恋是人生情感中最美好的一段经历，但这种看似与世隔绝的美好的确是与现实生活格格不入的，爱情最终还是要体现在房子、车子、票子等非常现实的物质上面，最终还是要在锅碗瓢勺和油盐酱醋中打磨掉爱情的浪漫，在平淡无奇的日子里消磨掉人生的岁月。初恋时人生美好的理想与憧憬，最终都会被现实生活无情地击碎，初恋的浪漫最终还是会成为现实世界里的花边与点缀。当一个男人无法实现初恋女生的理想与憧憬时，最终还是会选择放弃。也许最终选择放弃初恋女友的男人会说："她并不适合做妻子。"实际上可能更多的是男人对未来不确定生活的不自信，他们总感到自己无法给初恋女友符合她要求的那种生活环境、那种物质条件。于是，在这场爱情奔跑中，初恋男人的一无所有和极度的不自信最终会让自己失败于现实面前。

此外，世人对于恋爱的期望值过高，尤其是如今一些言情小说、言情剧当道，个中人物的塑造导致大多数人对于自己未来的另一半期望值过高，一旦结婚了，跟"俗气"的生活沾边了，容易产生落差感，导致对婚姻的失望乃至破裂。

◀ 期待但不要苛责

其实美好的婚姻并不以是否和初恋在一起为标准，有的人第一次恋爱就遇到了一生所爱，有人则要兜兜转转才能赢得圆满。但如果有了这样的机会，虽然不能确认自己是否为幸运儿，也不一定能确认是否能够获得所谓的从一而终，但对于每一段感情都不应轻易放弃努力，尤其是这么好的开端。双方都是初恋是一种美好，如果只有一方是初恋，也是一种幸事。

一旦选择了这条路，就需要付出更多的努力去坚守爱情，或通过其他方式证明自己当初的选择是正确的。不要怀疑自己的初心，但也不要把这段旅程想得过于完美。也许会抛锚，也许会走向岔路，但是应该允许过程中的补课与重启。

如何经受岁月的磨砺，在熟悉的折磨中如何更好地保持住热情、爱情，这不仅仅是给初恋即结合的人的难题，也是给所有走上婚姻之旅的人的难题。但如果想做到，就能做到！

Part 3

构建亲密关系的挑战

选择的困惑

　　亲密关系很难心想事成，因为各种各样的影响会让你面临选择的困惑。

喜欢的对象有了伴侣

　　关于"喜欢的对象有了伴侣"的讨论可能理解上容易宽泛，既可能涉及一方的状态是单身，也可能涉及双方都有伴侣。在这个部分我们只讨论第一种情况，否则就是同时爱上两个人，那就是其他主题讨论的问题了。

　　在构建亲密关系的漫长过程中，每个人都会遇到自己心仪的对象，但是有人可能运气不会那么好，自己喜欢的对象已经有了伴侣，是否去追求的确是个需要讨论的问题。在这里我们先表个态：在对方有伴侣时不要介入，如果愿意继续追求，一定要等到对方变成单身。

◖ 选择并不容易

　　对于遇到自己喜欢的对象已经有了伴侣这种情况，通常有几种选择：要么潇洒转身，果断放弃；要么直接追求，公平竞争；要么默默相守，直至对方单身，但是第三种似乎是个小概率事件。

前两种选择，实质上就是理性与感性的博弈。

第一种，理性战胜了感性。但放弃这种事很难说清，到底是属于勇敢地斩断情丝还是懦弱地逃避现实。在我们感情的教育里，喜欢有伴侣的人这件事本身就是不道德的，一旦介入就会被默认为第三者，几乎肯定会受到道德谴责。更何况，花大力气竞争一份不知道结局的感情，胜算小、成本高，不如及时止损。何况"天涯何处无芳草"，说不定下一个才是命中注定。

第二种，则是感性占了上风。电视剧《欢乐颂》中，曲筱绡第一眼看上了赵医生，马上就去追求了。闺蜜问她，万一人家有女朋友呢？"曲妖精"理直气壮地说："竞争上岗，各凭本事呗。"这话一出，大家都炸了，有人评价她是上赶着当小三，各种不齿、不屑都朝她身上喷去。然而曲筱绡自己却根本不在意，她觉得，在没有最终尘埃落定时谁都有争取自己爱情的机会。但是同样也很难评判，这种争取到底是勇敢还是自私，到底是真性情还是披着良善外衣的破坏者。

道理上说起来简单，但每种决定都不是好做的。如果放弃，那要想清楚，若是真爱，错过可能会后悔终生；如果争取，就要对可能会碰到的阻力做好足够的心理准备，因为对方会拒绝你，人家的伴侣会收拾你，周围的人都不看好你，甚至在道德上谴责你，你还能义无反顾地去追求吗？

而介于放弃与争取之间的就是第三种选择——等待＋守候。很多人会说，这不就是"备胎"嘛。但备胎的潜台词是一切讨好，温情脉脉的最终目的就是转正。而等待守候却不一定，这种方式有时只是希望自己喜欢的人过得好，至于是跟谁过得好，最终是不是自己并不是最重要的。比如电视剧《我可能不会爱你》里的李大仁，小心翼翼地怀揣着对程又青的感情，默默陪伴，一陪就是十几年。这股狠劲儿一般人是不太可能拥有的。

著名音乐人、制作人高晓松说："只有每个人都去追求自己爱的，相爱这件事才有可能发生。"放弃需要勇气，表白需要勇气，默默陪伴更是需要有去无回的勇气。所以只要勇敢面对，又何必对追爱的形式苛责呢？

◖ 存在的问题

为什么我们的观点非常鲜明呢？有伴侣不要介入，在不干预中等待其单身。首先，这种想法的产生往往源自一种不全面的认知。对于你接触的异性，你可能会觉得，为什么没有早点遇到他呢？然而，你的这种感受可能是不正确的。

对于你接触的心仪对象，之所以会觉得对方什么都好，是因为你和他接触的时间、机会是有限的。你没有办法和对方像伴侣一样经常相处，自然也难以发现对方身上的缺点。你眼中看到的这个完美、合适的人，其实只是你们在有限的相处时间中表现出来的一部分，其实你根本不了解他的全部。

这种以偏概全的"光环效应"会让你产生一种错觉，觉得你所接触的这个异性是几乎完美的，你们以后相处起来会十分投机。很遗憾，你的感觉很可能是错误的，就像自己刚谈恋爱时那样，会觉得对方什么都好；可是相处久了，一些问题就会慢慢显露出来。同理，**你当前觉得这个异性可能是你生命中真正的白马王子或白雪公主，可是随着你们进一步的相处，这个近乎完美的感觉也会破灭。**只有真正在柴米油盐的日常生活中接触，才能看清到底谁才是真正适合自己的人。

其次，对方的爱情忠诚度会对你追求当前这段感情产生影响。心理学上有一个现象，"你付出、投入得越多，你就会越沉浸在其中"，对于感情的维持也是同样的道理。你为一段感情投入的时间、心思越多，就会更难以从这段感情中走出来。对于你心仪的对象而言，如果他在当下的感情中已经付出了很多，就会很难爱上其他人，更不会丢下当前的感情基础不管，去投入到新的感情当中。如果是这样，后来者的机会确实不大。

对于一段亲密关系，仅仅靠某些特征吸引，可能是新鲜感，可能是好奇或是精神冲动，都是很难持久的。两个人在一起多了习惯、多了经验、多了互动、多了沟通，还有更多的共同回忆，这些是一个新人无法相比的，而且还会由此给你喜欢的人造成不必要的伤害。

还有一个问题需要重视，如果你是从别人的手中获得这份真爱的，会不会想到对方和你在一起了，哪天如果有一个像你这样的人出现，对方也会离开、投入别人的怀抱呢？所以如果说你希望对方不要现任，转而喜欢你，那他可以这么对待现任，以后跟你在一起了也可以这么对待你，因为对方对这段感情缺少基本的责任感。如果你主动追求他，对方接受你、抛弃现任，那说明他也许是一个禁不住诱惑的人，那你又怎么能保证将来对方受到其他的诱惑而不抛弃你呢？动了这个念头，会对你未来的感情造成隐患。

◀ 有一种爱叫作放手

首先，学会欣赏美好的事物和人，并创造自己的美好。喜欢一个人并非一定要得到，而且很多美好的事、人往往在拥有之前才是最美的。享受这份美，并为自己将来遇到适合自己的另一份美做好准备。把对方当成前进的动力，最好的自己才能遇见一个最好的他。

日本有个非常有名的节目，叫作"屋顶告白大会"。其中一集，一个叫作滨本的女同学从小学开始就一直暗恋一位男生，可是那位男生已经有女朋友了，所以她在告白中对那位男生说："今天我要趁这个机会，给自己的这种心情做个了断。二年级三班的酒井一喜，虽然我想过，如果能和你交往该有多好，可是现在我要彻底放弃喜欢你的这种心情。如果什么时候我有了新的喜欢的人，那个时候，请为我的恋情声援吧！"很感动的场面，美好而温馨。所以，做不成恋人，能成为关系很好的朋友，其实也是很不错的选择。爱情或是婚姻都是需要缘分的，缘分不够，强求不得。

其次，不要打扰对方的生活。对方有了自己的伴侣，你便已经失去了喜欢他的机会。面对你喜欢的人，也要接受不能拥有的事实；对于那些依然追求自己所爱的行为，一般人的确难以接受。以追求自己幸福的名义去夺人所爱，既不尊重对方和他的现任，也是对自己的不尊重。就算抢过来，也许并不是好的开始，也难有好的结局。世界这么大，你的幸福不在这处，会在别处。遇到喜欢的人却不管对方有没有对象都要插一杆子，那就有些过分了。

从某种意义上说，婚姻是自由的，但在现实的背景下，自由是许多客观因素限制下的自由，也就没有那么自由了。人之所以成为高级动物，是因为比动物更受约束，拥有文化和思想。因此，在人类社会中，社会属性包括家庭，社会责任也承担了家庭责任，所以失去责任而去追求所谓的真爱是荒唐可笑的。趋利的同时还要避害，然而许多人只是在趋利，而忘记了避害。

最后，如果放不下怎么办？其实可能你没有那么喜欢对方，毕竟你们没有真正在一起过，然而为什么会念念不忘，也许更多的还是执念在作怪。所以，要学会转移注意力，在时间面前没什么不可以遗忘。管不住心但能管住行为；减少接触，让自己忙起来。只要你愿意、只要你想，没有忘不了的人，更何况是一个没有在一起过的人。

你可以给自己一个期限，在这个期限里如果对方还没有单身，那就放下吧！在这个过程中，你可以留着期盼，也不妨边走边看，心随境转，可能你就不再那么喜欢了，也可能遇到了另一个喜欢的人。世界上本来就没有非得喜欢的人不可，只是自己的心转不过弯儿而已。世界这么大，换个风景、换份心情，让自己越来越好，就会遇到属于你的幸福。

同时爱上两个人

中国现代女作家张爱玲说："每个男人的生命里有两个女人，一个是他的白玫瑰，一个是他的红玫瑰，也许每一个男子都有过这样的两个女人。娶了红玫瑰，久而久之，红的变成墙上的一抹蚊子血，白的还是'床前明月光'；娶了白玫瑰，白的便是衣服上沾的一粒饭粘子，红的却是心口中的一颗朱砂痣。"

在电影《大话西游》里，至尊宝以为自己最爱的是白晶晶，却在不断逃避着自己爱上了紫霞的事实。当我们看这部电影的时候，并没有谴责至尊宝同时爱上了两个人的事实，反而为他与紫霞的爱情感到惋惜。

电视剧《情深深雨蒙蒙》里缠绵的爱情也让我们为之动容，男主人公何书桓一边说爱着依萍，却在与依萍生气后又吻了如萍；当如萍一个人跑到前线去找他的时候，他说他看到如萍娇弱的模样再不舍得抛弃她；可最后他还是和依萍在一起了。这其实呈现出了一个不可回避的事实，一个人会同时爱上两个人。

大家都知道，世界上大多数国家实行的都是一夫一妻制，而在大家的认知里面，一个人某一阶段只能喜欢一个人，否则的话就是"劈腿""渣男""海王"之类。但是人的心理其实是无法控制的，一个人很有可能同时喜欢上两个人，这个时候就会让人觉得非常苦恼。明明只有一颗心，为什么有两个人在自己的头脑中同时闪现，并且让自己沦陷于这巨大的纠结之中呢？到底应该怎样处理才好呢？

◀ 想法有点自私

在大多数人的心目中，一个人只可以对一个人产生爱情，这是我们从道德的角度上对感情的看法，但实际上，大多数人都会同时喜欢上两个人。人就是这么复杂的生物，理智告诉人们只可以选择喜欢一个人，但是情感却阻止不了人们同时喜欢两个人。这种想法在男生身上尤其明显。

大多数人之所以会同时喜欢两个人，是因为他所喜欢的每一个人身上都有缺点，而恰好另一个人身上具有弥补这种缺点的优势，他们更希望两者能够得到结合，但也知道这是不可能的事情。在这种矛盾的状况下，也就产生了会同时喜欢两个人这样的情况。

我们不妨看看一些个案中当事人的想法，也许可以了解这背后的真实动机。

"我觉得这也没有什么不好，我习惯了第一个人在身边的感觉，我对她也好；但是我需要第二个人的激情。我对她俩都挺好的，我觉得没有什么对不起的，感情没有办法去控制，只要你愿意我愿意就行。"

"我不想伤害她们中的任何一个，但是我也断不了和她们的感情。先就这样慢慢处着吧，只要把两边关系处理好就行了，如果哪天实在瞒不住了再说。"

"人有时候真的很奇怪，你要说他（她）变心了吧，也没有；你要说他（她）不爱现任了吧，也不是。可能这种感情只有经历过的人才懂吧。"

"第一反应就是去追求他更喜欢的女人，但是他认为不应该跟现任分手。因为一旦分手之后，日后就无法再挽回了，所以还是应该继续跟现任谈恋爱，然后同时追求更喜欢的女人。这样如果对方答应你了，你再跟现任分手；如果对方没有答应你，你还可以继续跟现任恋爱，这才是最好的选择。"

说得似乎都有道理，也挺诚恳的。但是有没有发现，是不是有点以自我为中心、太自私了些？如果你是被选择的那个，又会如何呢？

◖ 这样做是不对的

如果说到爱，那么同时喜欢上两个人就是不对的。爱意味着责任，所以必须作出相应的选择，同时承担相应的后果，因为真正的爱情是很难得的，只想让自己合适的想法是不对的。

曾经有人说过，一个人能分给友情的精力就只有这么多，能维系得住的友情圈子就只有那么大，一些新朋友进圈，就注定了一些老朋友要出圈；否则精力不够，妄想维系众多朋友，最后只会被打上为人不真诚的标签，一个朋友都留不住。爱情，其实跟上述的友情一样。爱情里多一个人，分配给每个人的爱意就会少很多量。每个人都希望对方能够等值回报给自己相应的爱，付出的爱不够也就意味着不够爱。

有网友说，我的能力不足以让我陪伴两个人，所以我只能放弃伤害小的那个，不是不爱，而是痛彻心扉。这种想法很真实。而当代女作家张小娴说："我们也许可以同时爱两个人，又被两个人所爱。"但遗憾的是，我们只能跟其中一个人厮守到老。

同时喜欢上两个人并不羞耻，但想要同时拥有两个人这样的想法是不值得鼓励的。感情是一件很美好的事情，是不允许被玷污的。如果觉得在自己的身上有这种倾向出现的话，就势必要在两个人之间作出选择。如果选择了其中的一个，就要努力克制对另一个人的想法，不然就是对现有伴侣的不尊重。

毕竟，相比起其他人的那点美好，两个人一起走过的路、共同经历的时光、彼此拥有的回忆才是最重要的！拥有什么样的爱情观是一个人的自由，没有什么好指责的；但这种自由，决不能以伤害无辜的人为前提。

只能选一个

当你发现自己同时爱上两个人的时候，就应该清楚，爱情没有先后之分也没有对错可言，所以不管你最终选择了谁或者是放弃了谁，这并不是你的错误或者是某个人的错误，不过是给大家一个合适的理由，以及更加稳固的保证罢了。

我们的文化在情感上和身体上倾向于一夫一妻制。然而，在一段关系中，你可能需要不同的东西。你要能够从浪漫的关系中定义你想要的和需要的，在你向前迈进之前，你需要知道哪个是你想要的、哪个是你需要的。但是俗话说，"鱼和熊掌不可兼得"，首先必须有一个正确的认识，就是你不能两个都要。如果你想要先成一个，再和另一个偷偷交往，结局可能是一个都得不到。所以你只能选一个。

对于这种情况一定要明确自己的态度，自己到底喜欢谁。因为喜欢这件事可能无法衡量，但是有时候对某一个人总是会有一些偏向。当自己不知道该如何选择时，必须先冷静下来，把两个人都先放下，好好地问问自己，到底想要找一个什么样的人。想好之前，一定不要联系他们。

重要的是，应该清楚自己爱对方到底爱的是什么，是对方的相貌、财富还是性格？如果某一个人更适合自己，哪怕他没有那么出色，也应该选择那个更适合自己的人。在平时的时候，或者遇到比较重大的事情时，你会第一个想到谁，问问自己的内心。一般来说，你第一个想到的人，就是你最想要的那个人。人都是自私的，所以在为自己的爱情作出选择时，应该清楚，如果两个人之中有一个人爱自己更深，那么选择这个人会对自己的未来更好，因为这样才会有更大的保障，彼此之间的感情才会更好。

如果确定了自己喜欢的那一个人，就应该摆正对另一个人的态度、拒绝暖昧，这样才能使三个人之间的情感更加稳固。不管最终选择的是谁，都应该快刀斩乱麻。**虽然三角形是这个世界上最稳固的形状，但是三角恋却会让三个人都陷入非常痛苦的感觉中。**只有快刀斩乱麻，才能让三个人都拥有一个明媚的未来。

感情和游戏

网上有个帖子的内容大概是这样的：一名男生因为经常打游戏而冷落了女朋友，女孩子感觉受到了冷落，所以一气之下将男生游戏账号里面的装备全部清除掉了；男生看到自己将近一年辛苦挣出来的装备全都没了，于是直接提出了分手。如何看待这种看似有趣却又无奈的事情呢？是不是女朋友和游戏之间只能水火不容呢？游戏应该在感情生活中处于何种地位呢？

◀ 没必要二选一

虽然有人问过："女朋友和游戏，如果二选一，选谁？"这个问题就相当于男生们问女生，逛街，买包包、口红、化妆品和护肤品重要，还是男友重要是一样的。其实大家都知道答案，没必要选。这只是每个人不同的爱好而已，游戏可以说是人类在精神世界里所构建的一个安全港，不是什么玩物丧志的不堪之物。可是有些女生似乎并不这么想，打游戏就是不爱她，游戏和女朋友只能选择一个。其实可以理解她们，男朋友为了打游戏而忽略了自己，这是不能忍受的。二者必须选择一个，多半是气话；但是如果不重视，后果可能真的很严重哦！

其实玩游戏并不是男生的专利，但的确男生更喜欢一些、投入更多一些。男人喜欢打游戏有很多因素，一个因素是喜欢竞技，现在多数游戏都存在竞技性，很容易激发胜负欲；另外一个因素就是探索类的游戏，会激发男性的好奇心；再有一个因素就是靠装备获得排名，能够让人有种满足感。很多男生选择打游戏，其实是想以这种方式在虚拟世界中寻找精神安慰。因为虚拟世界可能比现实社会更美好，男人的天性就是爱玩，他们会不断地在虚拟世界里探索，这对于男性来说就是一种享受。

打游戏也是可以解压的。现实生活中压力比较大，不管是学习、生活还是工作压力，让男人觉得只有在游戏中才能得到放松，所以就喜欢上了打游戏。而且游戏也是一种社交，男生通过组队、公会等方式能够结交一批志同道合的朋友，这也是一种很好的体验。

因此，爱玩游戏大概成了这一代男友、老公的标配了，因为打游戏，他们对女生会有所忽视，但并不代表不爱她。首先要肯定的是，日子还要过，老公的游戏还得打，这个共识一定要有，而不是有它没我、有我没它，这是解决问题的前提。

◖ 当打游戏影响了正常的生活

不可否认，打游戏真的会影响亲密关系，甚至是家庭的正常生活，因为打游戏成为有些男人不参与家庭事务的借口。老婆说："一天天就只知道打游戏，你能不能干点儿别的事情？"而老公却说："你还不是只知道做家务，天天做天天还不是那个样子。"这不是拱火吗？在现实生活中，还有因为打游戏而使得老公被告上法庭的事件。

如果因为打游戏而疏忽了对下一代的看护，那就真是不应该了。有这样一个真实的案例：有个女孩子叫晶晶，因为妈妈在做饭，所以她要求爸爸陪她看动画片。爸爸正在全神贯注地打游戏，随口敷衍说："等一会儿的。"晶晶等了好一会儿，爸爸还在游戏里激战，她只好摇着爸爸的胳膊撒娇，这一动作让爸爸在游戏中的一个操作出了差错，队友们骂开了。爸爸因此生气地甩开女儿的手，不耐烦地吼道："一边待着去！"孩子委屈极了，也犯起了倔脾气，小手一按，竟把电脑关了。这下爸爸气坏了，猛地推了晶晶一把，晶晶在这一推之下向后倒去，后脑勺重重磕在了柜角上，继而捂着脑袋号啕大哭。爸爸吓呆了，妈妈听见哭声跑过来，看见痛哭不已的女儿也傻了眼。到医院时，晶晶已经哭得迷迷糊糊，好在经过检查孩子脑袋没什么大问题，就是心理伤痛比较大。接下来的一段时间，爸爸每天去讨好女儿，可从前那个淘气的女儿因为被爸爸的下意识一推，好像变了一个人，和爸爸不再亲近了，性格受到了很大影响，原本天真的性格，变得压抑不安，经常睡梦里哭泣，害怕见到爸爸。可以说，一个下意识的动作，几乎毁掉了女儿的一生。玩游戏影响家庭关系的案例不胜枚举，甚至因此酿成悲剧，但是还有不少男生在成家之后依然沉迷于游戏，忽视家庭的需求而导致感情破裂。

不要小瞧玩游戏这件事，表面上看是男性缺乏必要的参与感和责任感，实际上是亲密关系出现了问题；表面上看是男性不自觉，但很多时候是女性自己纵容的结果。我们身边总是能看到一些女人做事情喜欢大包大揽，在家里操心这个、操心那个，什么事都要经过自己的手才能放心。有些女人觉得丈夫笨手笨脚的，所以换尿布、冲奶粉这种事从来不让老公经手；洗碗洗衣服也觉得老公做得不好，也就干脆自己做了。除了唠叨之外，女性的确没有让老公做什么具体的活儿，所以老公就会认为妻子是无端发牢骚；时间久了，就会彼此都不满意，对家庭的和谐产生危害。

在一个家庭中，一定是双方都来分担事务和责任，有些事情明明对方可以做到的，就不要大包大揽在自己身上。可以把真正需要男人做的、属于男人的工作，让老公去做，即使他做不好也不要替代。这一点和对待孩子是一样的，一个家庭里只有相互分担，才能体谅到对方的不容易。

把游戏管起来

单纯因为男生不够关心、不够爱护，在精神上没有得到满足，导致女生会问出"游戏和我到底哪个重要"的问题，实际上女生就是在说"少玩些游戏，多抽出时间陪陪我"。情侣之间有不同的兴趣爱好很正常，应该互相理解、互相支持，但要注意控制投入程度、分清主次，不要太沉迷就好。

有了这个共识，接下来就是两人做个约定，该一起行动要一起行动、该交流要交流，当然老公玩儿女人也别捣乱，还可以制定一些行之有效的奖惩措施。下面这位家庭主妇的做法特别值得称道。

我们家里有手机安置点，一般回家后，手机都放在那里、调成静音，我会跟老公明确约定陪孩子玩的时候坚决不看手机，每次陪孩子玩的时间是多久，可以在哪个时间段玩游戏。如果玩游戏需要用电脑，单独给老公安排一个房间。同样的要求，我和老公都要做到。

我们家里人不会一拥而上都看孩子，会分时间段，比如这个人陪孩子一段时间了，就换另一个人陪，那么其他人就可以去别的房间歇会儿，看会儿手机或者玩游戏。为了防止老公陪孩子玩的时候看手机，我会安排老公给孩子讲故事，这样根本就不能看手机；明确9点以后孩子完全不用他管，他可以自己回房间玩；孩子问起来，我们就会说"爸爸需要加班""爸爸很辛苦"之类的话。这样他有明确能玩的时间，也能陪孩子。现在我家娃不会拿我们手机玩，而老公也做到了看娃打游戏两不误。

其实很多家庭的问题就是没有具体的措施和磋商，即使有，执行起来也不严格，最后还是被一些情绪化的表达所替代。结果感情伤了，问题也没有解决，无形之中对孩子的教育也是不利的。

◖ 在"共同"上做文章

除了达成共识外，关键还是要培养共同的爱好，当然这可不是也给对方注册一个游戏账号那么简单。

首先，夫妻两人要互相尊重。由于各人的生理、知识和认识条件的不同，因而表现在兴趣上也具有明显的个性特征。对于这些不同的兴趣爱好，不可一味地指责抱怨，也不可把自己的好恶强加于对方，更不可要求对方改变自己的兴趣，而应当相互尊重、相互包容。有时候可以加以诱导，就是有意识地把自己的兴趣渗透给爱人，同时也主动培养自己对爱人感兴趣事物的兴趣。如果你以前对看球赛没兴趣，为了照顾爱人的情绪，不妨跟着一起去看看。

有些夫妻往往缺乏这种态度，对于对方的兴趣，不是主动诱导，而是"井水不犯河水"，你搞你的兴趣、我搞我的爱好，男女双方都有各自的自由，不一定非得强迫自己去适应爱人的一些兴趣。这听起来不错，但也许会成为导致夫妻分道扬镳的"罪魁祸首"，会使爱人感到寂寞与孤独，甚至发生感情转移。

经常听到有些妻子抱怨，丈夫把大部分周末时光都浪费在电脑前，不陪自己看电影、逛花市，使自己倍感寂寞，所以还是要尽可能共同做一些事情。花尽可能多的时间一起做事——不只是约会，也可以像一个团队那样去完成一些任务——这是保持亲密感最好的方式之一，这样才会拥有更多美好的回忆。你需要和伴侣"同在一起"，重点是全心全意同心做事。因为另一半愿意和自己一起度过的时间可以用来衡量爱的质量，如果没有足够的"在一起的时间"，人们可能就会觉得不被爱了。

没有亲密关系

　　我们经常听到人们把亲密关系和婚姻描述成人生的必要事件，似乎如果从来没有过恋人、没有进入丈夫或妻子这样的角色，我们的人生就会缺少至关重要的一部分经历，仿佛成为单身的人，一生都是不完整的。

　　在这些单身的人中，确实有一部分人只是将单身当作下一段恋情开始前的过渡阶段，不过这并不是我们要强调的，我们所说的是终身如此。

　　有些人认为，总是选择单身的人，是对亲密关系中责任感的逃避。他们觉得，单身者之所以无法进入亲密关系，或是不想进入一段亲密关系，是因为他们不愿意承担责任，或不愿意为另一半着想或妥协，是以自我为中心的人。单身的人是与社会分离的、是孤独的。

　　德国哲学家康德在《论婚姻》中写道："事实上只有三种人适合结婚，傻瓜、恶棍和牧师。牧师习惯受缚于义务，恶棍希望他的太太不忠贞，傻瓜则相信他的太太是忠贞的。"因此推断出一个结论："一个人不必结婚"。现在看来是非常有道理的。在世界各国，似乎结婚率都越来越低，而离婚率却越来越高了。那么，没有亲密关系，可否成为一种人生选择呢？

◀ 独身成为趋势

　　2018 年，《每日人物》一篇名为《大数据中的北京女性，令＜北京女子图鉴＞被狠狠打脸》的文章中提到如下数据：在北京，20 岁至 44 岁的单身群体中，女性占45%，且这一数据正在逐年增加。同时，女性的初婚和初育年龄也在逐步增长，离婚比例也在逐年攀升。调查显示，北京曾一度位列全国离婚率最高城市的榜首，高达39%，在所有的离婚决定中，有70%是由女性做出的。2016年底，印度《德干先驱报》的一项调查称，中国正在快速成为单身大国；2015年，单身人口达到2亿人，有超过36%的单身女性选择不婚。

在《单身社会》一书中，作者克里南伯格探讨的实则就是独自居住的生活形式。在过去的半个多世纪，是何种原因让世界各地不同年龄、不同种族和不同政治信仰的人越来越多地选择独居生活呢？以美国为例，1950年，仅有22%的美国成年人是单身，同时有400万美国人选择独居。当时独居者常见于美国西部各州，因为那里外来劳动力偏多，独居不过是人们通向家庭生活的过渡阶段。在作者成书的2012年，超过50%的美国成年人是单身，其中3100万人过着独居生活，其中女性独居人口高达1700万人。而独居人口的分布也开始从西部各州转向现代化大城市，仅仅在纽约，就有100万独居人口；在曼哈顿岛上，甚至有一半以上的居住人口选择独居。

在美国，评论家往往将独居现象视为一种反映了个人自恋、社会道德崩坏以及公众生活锐减的现象。评论家首先站在独居生活的对立面，站在婚姻生活是唯一正确的道德制高点俯瞰独居生活，幻想一种孤独的、寂寞的、无人照料的、难以自理的，在午夜梦回时刻辗转反侧、被欲望吞噬折磨的凄凉剪影。

正如婚姻生活也可能带给我们烦躁、厌倦和争吵一样，这些弊端也是享受一种生活方式必须付出的代价。两者本身并没有高下优劣之分。在作者克里南伯格看来，独居生活改变了人们对自身、对人类亲密关系的理解，它影响着城市发展和经济变革，甚至改变了人们成长与成年的方式，以及人们老去或者死亡的方式。

"我并非自愿选择单身，但爱情是稀有的，并且常常是没有回报的。若非因为爱情，我找不到任何和某个地方形成永久联结的理由。"来自纽约布鲁克林的30岁记者艾蜜莉·维特在《性/爱未来式》一书的开篇这样写道。她对于爱情的态度可以看作是21世纪接受过良好教育并且生活在大都市的单身女性的一种缩影。对这些经济独立、不再为了摆脱贫困或者实现阶级跃升而组建家庭，也不再因为婚前性爱的禁忌而被迫走进婚姻的女性来说，婚姻不再是唯一的出路。随着性与婚姻的逐步松绑，在婚姻之外，女性可以享受更纯粹的爱情、激情与更愉悦的性。在书的最后一章中，艾蜜莉·维特写道："有些人会继续将自己交付婚姻这种制度，但我希望婚姻这种合作关系不再被视为一种绝对终点。相反的，而是一种更加适度的，或许是一种对于抚养孩子而言共享努力的制度性基础。"

选择单身，放弃的当然不仅仅是性，还有与他人共处、同居、深入彼此生活的经验，以及社会身份上的一种非单身属性。在一个崇尚结伴、崇尚婚姻而非单身、独居的社会中，这种放弃常常挑战了社会的既有规范。但是，不好的性爱和不好的婚姻一样，都应该果断放弃，而不是为了迎合他人的目光和社会的期待而一味将就。同时，在当今这个愈发多元的时代，我们既有选择性爱、陪伴或婚姻的权利，同时也有对上述种种说"不"的权利。单身或独居者，既可以享受高质量的性爱，也可以享受高质量的独居生活。

◖ 独身往往不是主动选择

尽管独身昭示了一种似乎更加美好的选择，但现实中导致这种情况的原因却多数不美好。我们先来看看一些人不愿进入亲密关系的原因。

"虽然之前时不时也会遇到自己喜欢的人，但所有的喜欢都会陷入'从好感—喜欢—暧昧—无趣—恢复平静'的死循环，以至于现在开始有不想打破或者恐惧改变单身的现状。"

"男人是不一定的，你对他再好，他也很可能说变就变。"

"看着我自己的父母，再看着身边那么多身在婚姻中却不幸福的夫妻，看着那么多劈腿外遇的明星们，看着离婚率越来越高的社会，我觉得一个人生活是很不错的选择。"

"我是一个爸爸都不要而且浑身上下都是缺点的人，我不相信会有男人真正爱我和接受我。"

有专家表示，其实单身的原因主要有以下两个方面：第一，与其用"忙碌"一词，不如用"焦虑"一词。中国人对房和车的过度需求，谈恋爱需要太多时间和精力成本，造成很多年轻人不敢谈恋爱。第二，和中国传统的爱的教育的缺失和独生子女过多有关，"爱无能"特别多。**想爱，但不知道如何去爱；不是不想要亲密，而是不敢去冒险；不是不要伴侣，而是害怕受伤；不是不愿结婚，而是没有相处的能力和成长的意愿。**

此外，单身歧视会让人们普遍对单身这种状态感到恐惧，从而影响他们对一段亲密关系的评价和判断，并且加大他们作出不理智选择的可能性。

多伦多大学社会心理学的斯蒂芬妮·斯皮尔曼（Stephanie S. Spielmann）博士与她的同事在 2013 年发表了一篇关于"单身恐惧"的研究。在这个研究中，他们设计了 7 个实验，来说明"单身恐惧"对于一个人亲密关系质量和择偶要求的影响。这种影响主要表现在两个方面：

1. 对单身感到恐惧的人，在选择潜在对象上会放低自己的要求。通常来说，一个不够体贴、不能满足另一方情感需求的伴侣，亲密关系是更难长久、也更难成功的；这样的人在大多数情况下，比起体贴的对象来说更不具有吸引力。不过对于单身恐惧的人来说，体贴的对象与不够体贴的对象对他们的吸引力是相等的，尽管他们可以意识到那些不足。

在另一项关于速配和约会的调查中，斯皮尔曼等人也发现，有单身恐惧的人在约会时更不会在外貌上对潜在对象精挑细选，并更倾向于与更多人约会。据她推测，这可能是因为这样的举措可以避免他们经常陷入一个人的状态，也可以让有单身恐惧的人更快地摆脱单身状态。

2. 单身恐惧对一个人现有的亲密关系也有着负面影响。它会影响个体对现有亲密关系的依赖程度和是否要分手的选择。结果证明，不管他们对现有亲密关系的满意程度高不高，有单身恐惧的人因为更加依赖现有的亲密关系，因此很难成为最后提出分手的那个人；这使得有单身恐惧的人更有可能被束缚在一段满意度不高的亲密关系之中。

◀ 重要的是自我的幸福

你相信有些人单身是因为他只想单身吗？不是"不得已"，不是"不肯将就"，也不是环境所迫，而是一心一意就只想单身；单身就是他们最佳、最真实、最有意义的生活方式。他们就是想要"过自己想过的生活"的人、有能力独立作出选择并持续成长的人、喜欢多种社交风格的人、享受独处的人。

单身并没有问题，**不要为了害怕孤独而结束单身才是真理**，一时的愉悦和内心永久的幸福，相信我们都会懂得取舍。心理学研究指出，有些影响幸福的因素是可控的；最重要的 3 个影响因素是：与他人保持良好的关系、追求自己所喜欢的事情、帮助他人。

社会刻板印象是：男士更关心自己的独立性，更加看重工作和自由，所以单身一辈子也正常；女性更渴望结婚，把婚姻家庭作为自己的归属，如果终身未嫁可能会心理扭曲精神崩溃。典型的例子就是某综艺节目上，某主持人对话"冻龄女神"俞飞鸿。主持人说，你觉得老一个人待着，精神正常吗？俞飞鸿回答，女性单身就会不正常吗？这昭示出当代女性对单身状态的欣赏和对现存刻板印象的蔑视。

对单身负面的误解，污名化甚至是歧视也来源于社会刻板印象。加州大学圣巴巴拉分校的心理学教授贝拉·德保罗（Bella DePaulo）将这种现象称为单身歧视（Singalism）。可怕的是，比起种族、性别与性取向等方面的歧视，更难察觉到对单身者的歧视，因为它是在潜移默化中被表达出来的。

20世纪70年代，一项针对一万多名澳大利亚女性的研究验证了这一点：没有孩子的终身单身女性，在很多方面都比其他女性群体做得更好，比如她们最乐观，压力最小，志愿服务最多，受教育程度最高，体重指数最健康，吸烟者以及被诊断患有重大疾病的比例最小。

虽然我们并不排斥单身，但更鼓励构建自己的亲密关系，学会爱的能力，也关乎自身的成长。即使不能心随人愿，那又如何呢？爱尔兰剧作家萧伯纳老先生说："想结婚的就去结婚，想单身的就维持单身，反正到最后你们都要后悔。"

构建的干扰

构建亲密关系，谁会成为干扰因素？爱人，还是父母？

一边是父母，一边是爱人

如果你很爱对方，可是你的家人却不愿意你们交往，你会怎么办呢？比如自己的母亲，因为担心你嫁人以后，在男方家受苦，所以不愿意你嫁给一个没钱的男人，你又该如何选择？相信很多情侣都有过这样的情景，一边是父母，一边是爱人，都是自己割舍不下的牵挂，究竟该如何选择，才能两者兼顾呢？

爱情与亲情的战争，虽然没有血腥，但处理不好，它就是一把伤人的利剑。亲情是无私而伟大的，父母不仅给了我们生命，还用全部的爱抚育我们成长；作为儿女，我们有义务不让父母伤心。但是，为了父母而让人生中一段刻骨铭心的爱情融化为长存于心的遗憾，也是任何一个有情人都不甘心的。所以，当爱情遭遇亲情，当爱情向左、亲情向右的时候，不妨多问问自己的内心，多动动自己的脑子去想办法。

◖ 为什么父母和你过不去

在男女婚恋中，双方父母其中一方或者两方都反对结合的情况并不罕见，女方父母强烈反对女方和男方在一起的情况就更多一些；原因很简单，就是在一些关键条件上男方不符合女方父母的择偶标准，女方的意思也很清楚，就是不愿自己的孩子"下嫁"。

现在大多数女方父母无非就是看两点：看现状、看未来，而且看现状的会更多一些。大家都愿意做现货，不愿意做期货，在对未来看不准的情况下都觉得把握当下最要紧。这就是为什么现在全国各地的相亲角变得越来越势利、越来越没人情味儿的原因，明码标价至少先守住了现状这一关；现状主要是工作、社会地位、收入、存款以及已有的硬件，比如车子、房子等，甚至于看未来也是基于现状的。

如果不顾家人的反对，毅然决然地决定在一起，那女方父母可能选择抵抗一下就屈服了，也可能选择强硬到底、结了婚也不让自己的亲生女儿踏进家门一步，美满的婚姻得不到祝福。从过往的经验看，这样的结果比例是五五开，要看运气如何了。当然也不能坐以待毙，坐视自己的意中人就这么错过了，或者就直接硬上、再看自己的运气，方法有，机会也有，总要争取一下，万一成功了呢？

其实解决问题的核心就是如何让对方家人心安。没有任何一个家长愿意和儿女们过不去，特别是面对这样一件重要的人生大事。但是他们知道只有爱情而没有物质基础的日子是不好过的。从过来人的经验来看，他们要为自己的孩子寻找一个值得托付的归宿，所以任何要求在己方家人看来都不过分。尤其是作为父亲，眼睁睁看着自己的宝贝女儿要嫁人了，本来就不痛快，对方还是一个自己不满意的女婿，说不上刁难，也会是百般的不情愿。所以对于这样的情况，男方首先要在内心理解他们，不要有树敌感，大家其实是从不同的角度在做同一件事，那就是怎么给这个女生一个美好的未来。

◀ 做通自己父母的工作

首先，作为子女，应该孝顺辛苦养育我们的父母，但不能"愚孝"。孝顺并不是像古代所说的那样，什么都言听计从，甚至还要放弃自己的理想和目标。因为并不是所有的爱情从一开始就能得到父母的赞同甚至祝福的，父母干涉你的婚恋，自然有他们的担忧，所以首先要试着去理解父母，用自己的真诚去感化父母，让他们把担忧说出来，然后想办法去解除他们的担忧。

其次，做父母与恋人之间的信息传递者。恋人在父母眼里是一个陌生人；对于陌生人，父母会本能地筑起心墙。作为子女的年轻人，要在理解父母的前提下，和父母好好沟通，做父母和恋人之间的信息传递者，给父母机会，让他们像你一样了解你的恋人；让父母了解恋人的性情和人品，知晓恋人的好。

最后，千万不要和父母闹性子、对着干。当父母挡在爱情中间时，请不要着急，切忌在父母因"恐惧"而防御时，和父母使性子对着干，这只会让父母更缺乏信息，更抵触你的恋人。先试着每天传递一点恋人的信息，缓解父母心头的"信息缺乏恐惧"，然后再用你的感情去沟通，让他们看到因为这个人你成长了多少。

若想让父母看好你在乎的爱情，要先让父母以及恋人都感到安心；不要让父母感到你还是一个任性、只会误解他们的孩子，更不要让恋人感到你对你们之间感情的不坚定。在父母和恋人面前，要展现出一个因为爱情面对困难而更加成熟的你，让他们知道，你已经懂得体谅父母的不安和恐惧，并有能力为自己和自己所爱的人争取幸福。毕竟父母的出发点是为了子女的幸福，天下的父母没有不爱子女的，只要自己觉得值得，最后父母会被你的执着打动，而接受并祝福你们的。所以做子女的要用心去向父母说明，想办法化干戈为玉帛、化利刃为柔情。

◀ 做通伴侣家人的工作

作为父母，尤其是女方的父母，孩子的婚姻之事要求得一份心安；而要心安就要物质、交流两手硬。

要心安，就是解决现状问题，没有真金白银做基础，估计你怎么讲对方家人都不踏实，看看对方提出的物质条件能不能满足一部分，其实也就是表达个诚意，而且有这个态度和行动也是给对方家人一个台阶，总不能你一句"没有"，对方家人就不再追究了，这不现实。如果差距过大，就要给对方家人一个听着可以实现的承诺，说白了还是一个心安。

然后，就是要做多轮的沟通工作。第一轮，拿着硬货去表决心、表明诚意，也给对方家人一个可以期待的未来。对于来自对方的反对也要表达出充分地理解，并许诺给对方的女儿幸福，但是做好准备，不会一下就通过，反而强烈反对可能会更正常一些，更多的结果就是无功而返。

第二轮，自己的父母应该出场了，代表老人家的决心，尽量满足女方的物质要求，并保证婚后对女方好、请亲家放心，也同样做好仍然结果不理想的准备。

第三轮，邀请自己这边有影响力、能够说上话的长辈代为斡旋，作为代言人再次表达对你们婚姻的看好，也对你的潜力充满信心，同时也对女方父母提出的条件促成调整，再次推进事态向好的方向转化。

如果仍无结果，你的王牌——你的女朋友最后登场，动之以情、晓之以理，连撒娇带吓唬让她的父母开绿灯。毕竟女儿是父母的亲生骨肉，一般情况下不会做得太绝。

但是，如果四轮沟通之后对方父母的态度仍然没有本质改变，你们决定好怎么办了吗？不管怎么办，最好求得个两全之法，爱情不能丢、亲情也不能散，毕竟将来还是要回家来的，毕竟还是要相处的，毕竟这个关系还是要延续的。你们将来也会有孩子，凡事留个活口，即使这一次没有特别理想的结果，也不要灰心，只要两个人的爱情经得起考验，剩下的就交给时间和你们的坚持了。

◀ 不喜欢对方家人怎么办

另外，还有一种比较常见的状况，就是作为伴侣对对方的家人有较大的抵触情绪，这又该如何处理呢？我们知道，婚姻和恋爱是完全不同的两件事；恋爱只关乎彼此，而婚姻却是要把两个家庭连接成一体，由喜欢一个人变成要喜欢整个对方的家庭，这的确是一个很难完成的任务。

话虽如此，但如果两个人要步入婚姻的殿堂，这个问题是必须正视、无法回避的。尽管可以把与对方家人的接触频率降到最低，但也有可能时时把这种厌恶情绪表现出来，这对另一半而言一定是个巨大的压力，而且一定是未来两人主要的矛盾点，争吵、指责，甚至是分手都有可能来源于此。试想，一方面要维护你，另一方面还要承担你对他家人的不满和抱怨，这种状态是很难持久的。

没有无缘无故的爱，也没有无缘无故的恨，让谁委曲求全也不现实，但是否可以和伴侣一起去破解一下这个心结呢？厌恶从何而来，是自己的问题还是对方的问题？如果无法让对方改变，自己是否有办法解决？记住，尽量在结婚前解决，而不要带着隐患登上婚姻这艘船。具体该怎么做，我们在后面会专门讲。

不管遇到怎样的挑战，都祝愿天下有情人能同时拥有爱情和亲情。如果遇上这样的事，一定要坚强、坚持，不要轻易选择放弃，不要轻易去取舍，而要想办法去说服父母，并用时间来慢慢磨合；这样，亲情和爱情才会始终伴你左右。

妈宝男

近几年，"妈宝男"成了一个热词，一般指缺乏主见、没有自信的男孩子。他们的人生线路基本是由妈妈设计的，只要自己不自讨苦吃，通常不用吃太多苦，且能生活得不错。部分女性也同样适用"妈宝"，有些被父母宠坏了的女性，或者完全没有自主思想的女性，她们也被叫作"妈宝女"。

◖ 表现

之所以"妈宝男"显得格格不入，确实和一般成人的表现有很大不同。

首先，什么事情都要和妈妈说。这并不是说不能和妈妈谈论一些事情，遇到疑问和父母多沟通是很有必要的。"妈宝男"在有些事情上的确十分孝顺，经常会嘘寒问暖，有时候一些重要的事情都会听取妈妈的意见，这是"妈宝男"身上能看见的优点。但他们在工作中遇到琐事、小挫折也都要和妈妈抱怨一番，甚至诉苦撒娇，这就是软弱的表现。"妈宝男"特别被诟病的是婚姻爱情只听妈妈的话，没有主见。在妈妈和女朋友发生矛盾时，"妈宝男"会首先考虑站在妈妈那边。即使明显是妈妈的错误，也会努力为妈妈辩护；但如果是女友的错误，那就等着二对一吧！

其次，爱撒娇。男生会撒娇，偶尔呈现出柔软的一面，其实算是萌属性。可"妈宝男"还完全像个小孩子一样，尤其在妈妈面前，而且还"对社会撒娇"，遇到挫折，随便试一下就放弃抱怨，总是说一些"可是我已经很努力了""没办法啦"之类没出息的话。

第三，喜欢将妈妈的话挂在嘴边。遇事就把妈妈当作挡箭牌，动不动就"我妈说……""想当年我妈……"。"妈宝男"当久了，养成了依赖的个性，无法自己作主，喜欢被控制。来到任何地方，会先慌忙寻找"妈妈"这个角色，这里所指的"妈妈"，是指发生事情时，可以询问"那我们现在该怎么办呢"的人。

最后，经济上独立却还和妈妈住在一起，甚至有些"妈宝男"30岁出头，还是与母亲睡在一起。往往老大不小了，还未娶妻生子，对母亲有强烈的心理依赖，而一旦和母亲分居，独自面对社会，"妈宝男"就极易陷入恐慌当中。

"妈宝男"做起家务事来往往一塌糊涂，更多时候还是要靠妈妈照顾，甚至内衣裤都要妈妈来为他洗。提起做饭，那就更别奢望了，根本就是等妈妈做好只顾吃的那种，仿佛这一切都是应该的。

◗ 关键在父母

"妈宝男"一般出现在两种家庭，一种是条件比较好的家庭，他们因为较为优越的家庭条件，被父母呵护，所以不谙世事。第二种是母亲掌权、父亲做"甩手掌柜"的家庭，在这类家庭成长的男人极度依赖母亲，思想和行为受母亲影响过大，从而对母亲产生过度的依赖。

一个焦虑的妈妈、一个缺席的爸爸和一个有问题的孩子，这是中国家庭最常见的家庭模式。在很多家庭里，婚姻关系这个基础没有打好，所以大部分妈妈都普遍缺乏安全感。因为彼此都是成年人，所以妈妈即使在婚姻里拼命地想要控制爸爸，也收效甚微。爸爸会选择逃走，逃走的方式可以是工作、爱好，或者其他女人；就算人不走，心也不在家，这些都令妈妈们再度陷入不安。

有了孩子之后，妈妈发现孩子，特别是儿子能在极大程度上弥补她内心的空洞，于是便拼命地控制儿子。但是，这种爱即便付出很多很多，质量也是不高的，甚至会将儿子吞没。当妈妈和儿子构建起了共生关系，就具有强烈的排外性，儿媳自然就成了入侵者。

首先，这个关系里缺少了一个正面的、有力量的爸爸，正面的、有力量的爸爸会把孩子从妈妈的怀抱里赶走，他会用自己的言行告诉孩子，这是我老婆，我们才是关系最亲密的人。这当然会刺激儿子，儿子可以将不良情绪投射到父亲身上，甚至可以去恨父亲，但是这样就减轻了对妈妈的恨和纠缠。其实这个过程最痛苦的不是孩子，而是妈妈，妈妈要舍得切断跟孩子的纠缠。

其次，爸爸还需要努力和妈妈建立好关系。夫妻关系是家庭的根本，丈夫与妻子的关系好了，这样妻子在心理上就算失去儿子这个亲密的人，也还有另一个亲密的人和她在一起。

◖ 伴侣需要付出更多

在和"妈宝男"的亲密关系中，作为妻子需要付出更多。

对于老公，首先要避免情绪化做事。特别是情绪化的话语说出来，非常不利于两个人感情的维护，同时也会让"妈宝男"觉得非常难受，所以要避免情绪化地说话、做事，才可以让两人的感情变得更好一些。在讨论一些事情的时候，一定要注意就事论事，千万不要进行人身攻击。

其次，培养老公的自信心。一般情况下，"妈宝男"的妈妈都比较强势，从小被强势的妈妈养育长大的"妈宝男"性格都比较内向，缺乏一定的自信心，不论做什么事情都畏手畏脚，可能爱心比较泛滥，但是却没有大出息。所以要采取一些方法来培养丈夫的自信心，比如有些事情一定要鼓励丈夫自己做主、自己拿出意见，不要再指望妈妈。当他的自信心建立起来后，就会逐渐摆脱"妈宝男"的阴影。

第三，让老公担负起家庭责任。在结婚之后，夫妻两个人要共同经营家庭，扮演各种各样不同的角色，尤其是对于男人来讲，一定要触及责任担当。可以在具体事务中让老公尽快成长起来，当然这个过程可能会有些漫长，不过一定要有信心和耐心，比如家中的哪些事情丈夫可以做主，哪些事情需要和老人商量，这样将家庭当中所有的问题进行分类归纳，让丈夫认识到自己应该承担哪一部分责任，承担起更多的责任之后才能够努力奋斗干事创业、好好经营家庭。

第四，学会包容老公的缺点。在结婚之后，如果发现丈夫有各种各样的缺点，千万不要过分关注这些缺点，要多看到对方的优点，即使在某些方面做得不太好，也不要过度埋怨，要学会包容。所谓"人无完人"，千万不要随便抓住对方的一个缺点扩大化，否则只会让两个人的感情越来越淡。

而对于婆婆，首先不要和婆婆争"宠"。结婚之后，女人们就会发现，如果丈夫是"妈宝男"的话，一般情况下婆婆对丈夫都会关爱有加，毕竟这种"妈宝男"从小到大一直都生活在妈妈的庇护之中，在结婚之后也逃离不了"魔掌"。你越是想要丈夫站到自己这边，婆婆越会据理力争，最终结果只会两败俱伤。正确的做法是一定要和丈夫以及婆婆进行良好的沟通，既然成家立业了，就要学会独立生活。适当地和婆婆进行沟通交流，让丈夫和婆婆都认识到结婚前后的差别，这样才能够让家庭越来越好。

其次，尊重婆婆的意见。有时候老人家的意见也非常有用，毕竟他们经历过的事多一些，所以有时夫妻双方出现一些分歧的时候，不妨听听老人的意见。比如平时给老公买一些东西的时候，可以适当地咨询一下婆婆的意见，这样不仅可以让老公感觉非常舒服，而且还可以积累婆婆的信任，长此以往对于家庭也非常之好。如果马上拒绝婆婆的意见的话，除了让婆媳之间关系逐渐紧张之外，还会让丈夫难以协调；即使遇到不同的意见，也要委婉地表达出自己的意见，不要针锋相对。

第三，避免和婆婆硬碰硬。可能婆媳之间的矛盾在任何一个家庭中都存在，尤其是遇到"妈宝男"的妈妈，因为她们一般都比较强势，所以出现矛盾时，千万不要选择硬碰硬，那样只会导致矛盾越来越扩大化。有时和婆婆多培养一些感情，利用一些技巧来做事情，更有利于整个家庭的和谐。

如果实在无法在这种状态下生活，就要注意：首先，及时撤退，惹不起可以远离。意识到对方是"妈宝男"后一定要及时后撤，因为后面会有无限的"听妈妈的话"的事件出现。如果他能意识到自己的"妈宝男"特质，并且有所改变，再考虑要不要接受。

其次，建立自己的规则和领属。女生大多过于感性，会因为男友的一点温柔或关怀，就原谅了他的"妈宝男"属性，导致之后再一次的失望和伤心。所以，如果对方不能改变，请不要花过多心思用在"妈宝男"的身上。

公主病

这里说的"公主病"，主人公并不是出身显赫、真正的皇族公主，而是一些家世一般的普通人，她们多数是未婚的年轻女性，自小受家人呵护、伺候，依赖心态发展成了病态。如果这种"公主病"行为非但没有得到矫正，反而更加娇纵，就会导致出现了问题常常归结为外因、缺乏应有的责任感。有这种特征的男性则称为"王子病"，但不管是"公主病"还是"王子病"，实际上都属于彼得潘症候群（不愿长大的大男孩）。他们一旦走入社会，不是环境适应性差，就是容易导致人际关系紧张，工作如此，在亲密关系中自然也是问题多多。

◖ 日常行为

有"公主病"的女生通常以自我为中心，认为自己是最尊贵的，自己说的话就是真理，总是喜欢这样表述："我的想法是绝对正确的，千错万错都绝不是我的错。"自我膨胀，虽然不一定认为自己是最美的，但绝对认为自己是最重要的存在。自我感觉良好，认为自己有过人之处，比如面貌、技能、口才等，其实外人相当不以为然。常常以"正面思考"来当作借口，不愿承认自己的傲慢心态。

她们娇生惯养，自理能力极低，不负责家务家事，讨厌任何劳动，极度重视物质生活，且好逸恶劳；懒惰怠慢，自己的事情也让别人做，家务活儿更是能懒就懒；时常无理要求别人对自己百般迁就；依赖性强，只懂得享受，希望得到别人的优待及照顾，且完全不懂感恩。事实上她很可能有能力完成很多事，但她拒绝亲自去做。

她们任性、心直口快，换句话说，就是说话不经大脑，想说什么就说什么，对他人的感受极度迟钝；极端情绪化，惯于以情绪去支配周遭的人；特别是对待别人的反应，一句不合心意的话，足以令她暴怒；自我放纵任意妄为，缺乏理性的自制能力，不考虑规矩和道德标准，有合理化自我攻击他人的倾向。

她们眼光狭窄，不留意社会时事，只关心自己感兴趣的事情，认为自己最重要；无病呻吟，在自己的社群、社交媒体账户时常无缘无故、莫名其妙地对于小事物发表无意义的言论；存在虚假的同情心，时常抒发对宠物过人的怜悯心，以衬托自己爱护动物的决心，其实平日不仅漠不关心，也毫不付出关爱。

她们总希望引起他人注意，对于不痛不痒的事物时常放大以抒发情绪，只为引起异性注意，抑或是抒发负面情绪以达到引起众人注意的效果；智商低，知识的摄取有限，欠缺基本常识及学识，反应力极差，时常不懂装懂而闹笑话。

她们讲话做事不负责任，没有责任概念，认为责任是可以说推就推的，而且总是将歪理正当化；双重标准，自己不能被羞辱，但他人就可以被羞辱；喜欢在别人伤口上撒盐，将快乐建筑在别人的痛苦上，完全没有同理心；无道德感，经常企图使用谎言获得在组织中或他人心目中的优越地位，企图心更强者甚至会用阴谋去陷害周围的人来获得好处。对自己犯的错无自觉力，除非受到严厉的惩罚才会醒悟。

◖ 背后原因

"公主病"形成的原因，主要体现在三个方面：

第一种是控制型。因为在某些方面具有较强的能力与优势，因此骄傲自负，做事略带娇蛮，不顾及他人的感受，喜欢控制、影响周围的人，成为被关注的焦点，稍不如意就会发脾气，在婚姻和职场中容易成为"闪离族"。

第二种是依赖型。她们能力相对较弱，缺乏自理能力，重大的决定往往依赖于别人，娇气，怕吃苦，社会适应能力弱，容易成为"啃老族"。

第三种是创伤型。由于小时受过创伤，缺乏健康的童年，所以在与他人关系中容易以自我为中心，感受他人的能力低，性格偏男性化，控制与支配欲强，有较强的攻击性，尤其是两性关系中易情绪化。

一句话，"公主病"都是后天养成的。有研究表明，"公主病"很大程度与家庭的教养有关。女孩要富养的观念虽然深入人心，但是很多家长又不得要领，很多时候女儿让家里宠成了"小公主"。由于从小接受到的正面表扬会比负面评价多，让她们形成了以自我为中心的行为模式。长大之后，她们往往很难积极应对或者处理外界给予她们的负面评价，选择逃避和拼命反抗就是她们缓解人际压力的重要方法。

◖ 病人更需要关爱

既然称为"公主病"，那么她们就是病人，需要治疗，更需要关爱。一旦爱上这样的伴侣，可能需要付出更多的耐心和努力。

一定要努力去爱她。往往拥有"公主病"的女孩的心理是病态的，当她们受到了伤害，就会将自己过分保护起来，不愿意跟对方去分享心事。这种女孩，只要努力爱她，她就会变得很乖巧，给她点时间，让她慢慢改变。不要太急躁，想着去改变对方的思想，教育她也得让她开心，太严厉往往不会有太好的效果，要寓教于爱。

往往有"公主病"的女孩，父母骄宠太多，失去了理智，有时候说话不考虑后果，一定要容忍，只要你跟她好好交流，让她意识到自己哪里做得不好，她就会慢慢去改正。对她的无理要求，可采取冷处理。当她知道自己错了，往往也会向你道歉。不要与她有太多正面的较量，这样大家才会更好。

慢慢改变她自以为是的思想。让她摆正自己的位置，有自知之明，同时让她努力去工作，即使再有"公主病"的女孩，通过社会的磨练也会慢慢变好。但最重要的是告诉她，你会一直陪伴在她身边，不抛弃、不放弃！

准备婚事日，分手最近时

很多人经历多重磨难，准备迎接自己的婚姻大事，但临门一脚往往出现问题，小则争吵，大则离婚。其实也不奇怪，主要有两个大问题要处理好：

彩礼、一方父母不满意。

◀ 没有彩礼

即使是在中国的现代婚姻中，彩礼也几乎不缺席，对于大多数家庭而言，彩礼的实用意义不是特别大，现在的年轻人要是在结婚开销方面不能自己解决或者不能解决大部分，婚也就别结了。当今社会，彩礼主要还是象征意义，即长辈对这段婚姻的一种祝福。所以没有彩礼，如果不是男方真的没有钱，其实表达的就是一种情绪、一种负面的情绪，就是对即将的结合不满意、不认可。

从小处说，自己未来的老婆对于没给彩礼这件事会终身耿耿于怀。彩礼的确不能简单理解为是实际的钱财衣物，更像是一种象征物，某种程度上代表了她的夫家对她进门的一种重视程度。所以看似计较的是彩礼多少，实际上是要这个面子。如果丈夫还有其他兄弟，其他妯娌获得了彩礼，或者彩礼比自己多，这种事会更让人无法释怀。当然要求的彩礼超出实际承受能力的另当别论。

从大处说，没有彩礼也会导致老婆对未来自己婚姻生活总体评价不高进行预设，她会将未来婚姻的种种不满意归因为当初没有在彩礼这件事上有所坚持，导致自己今天没有获得应有的待遇和地位。

所以如果有能力，就不要在彩礼方面斤斤计较，很多时候彩礼既是规矩，也是女方在社会上的面子，除非不得已，不要讨价还价。如果当时没有给，也要找机会弥补，不要黑不提白不提了，人家到了一个陌生的环境里生活、辛勤付出，该有的尽量满足，也可以考虑以某种方式给予补救，不要人为地在夫妻关系中自我设置障碍。

◀ 没有父母祝福的婚姻不会幸福

谈及婚姻大事，尤其是自由恋爱的，让双方父母都满意的应该是小概率事件。所以本来应该高兴的事有时也不会是欢天喜地的，因为没有听从父母的意见，婚姻大事上没有遂了老人的心意，就变成了不孝顺。情侣不让老人家痛快，老人家也不会让你们痛快。或是在婚礼上没一个笑脸，或是干脆不出席婚礼。结了婚，以后还和老人来往不来往？要么不让进门，要么各种不满意，一开始就"结下梁子"，估计今后的生活也会后患无穷。

就算是暂缓结婚，也要把这些相关问题解决了，这真的是一件天大的事情，不可不当回事。也许现在伴侣还能站在自己这一边，觉得自己父母不通情理，咬着牙，较着劲儿也得把婚结了。但是长此以往，一边是生养自己的父母，一方是和自己恋爱了多年的爱人，两边关系处理不好就真是把这中间的人放在火上烤了。本来儿媳妇和男方家人之间、女婿和女方家人之间的关系就不那么容易相处好，要是再出现一个逼婚的事情，万一到时再有些过激的言语和行为，或者对方父母再来个以死相逼，最后真到了二选一站队的时候，估计情侣的胜算就不会太大了，这样的结果千万不能出现。

◀ 做通工作再谈婚事

无论如何要先做通工作再谈婚事。首先子女要先出马，做老人家的工作，毕竟人家是最亲的。哪里不满意，请他们说出来，除了不能换人、婚礼照常办之外，其他的都可以谈，条件都可以提。即使都是对自己的不满意也先认着，让老人家心里先舒服。然后具体到婚事的操办，只要不是太过于让你们为难，通通接受。可能你们有自己的想法、自己的设计，毕竟人生就这么一次，可以在后面的时候，等到老人不那么对抗后再调整。就算调整不了，以后等到结婚纪念日，两人再办一个自己说话算数的婚礼，不必在这个关键时刻针锋相对，那不是和老人较劲，是和自己过不去。

钱还是得和老人家要，要就意味着尊重他们、需要他们，尤其是孩子们成家立业了，翅膀长硬了，老人家心里本来就不痛快，再一下子觉得自己不被需要了，心理就彻底失衡了。所以给多少钱不重要，要的是这份认可和祝福，婚姻如果是不被祝福的，谁心里也过意不去。

　　然后是另一方也得出马，单独谈或者和伴侣一起谈都可以。做好心理准备，估计好听的话不太多。父母的逻辑一般就是：对方不行—带坏自己孩子—不听话、不孝顺—生气，在他们的逻辑里，外人都是罪魁祸首。还是那句话，说啥都接着，但是换人、不办婚礼不行。父母一般也不会把事情做绝，估计之前也没有太认真和老人家聊过这些事情，所以积攒了一些情绪也是可以理解的，让他们出出气、唠叨唠叨、吐吐槽，也就过去了。两人该哭鼻子哭鼻子，该撒娇撒娇，哪怕突破了底线也得做！为了自己的幸福，为了自己的未来，毕其功于一役啊！

　　万不得已就得让与对方父母说得上话的长辈出马。无非就是个面子，毕竟婚事临近，真把你们逼得结不成婚就结下了死结，理论上老人家不会出此下策。晚辈的面子不给，同辈的面子总是要给的，通过这些渠道，也可以让老人家把不便于当着你们面说的话、提的要求间接地传达给你们，或者通过其他长辈们把钱给你们都可以，重要的是按时举办婚礼。这样三方都出面了，诚意都表达了，也就可以了，如果还不依不饶，就不是这里讨论的范围了。

　　需要提醒的是，在处理与老人家的关系时一定要多多换位思考。只有所有家庭成员都快乐幸福，这个家庭、这个婚姻、这段感情才能长久！

Part 4

亲密关系沟通

有效沟通方式

良好的亲密关系一定离不开有效的沟通方式。

恋爱期女生的沟通密码

和一位女性进入亲密关系的营造，也就是谈恋爱，是一件令人兴奋的事情，但是对于许多男生而言也是一件令人烦恼的事情，有首歌说得很明白："女孩的心思男孩你别猜，你猜来猜去也猜不明白。"正确解读恋爱期女生的沟通信息是最终通向成功的重要基础。在这里，我们不妨从恋爱期女生的沟通信息角度去重新分析一个大家非常熟悉的经典人物——小说《红楼梦》中的林黛玉，你会发现从对林黛玉的描写上分明可以读出恋爱期女生的种种特征，恍然觉得这个小姑娘其实是个情场高手呢！且看她的几个必杀招。

◖ 吃醋

恋爱期的感情是敏感的，是不揉沙子的，甚至会有些极端。所以任何会对当下的情感产生威胁和干扰的因素都会让人心生嫉妒，而这种嫉妒是非常正常的，因为那是事关安全的警示。试想，如果你喜欢的女孩对你与其他异性的接触体现出无所谓的样子，那她一定不爱你。贾宝玉生在那样的一个环境里，姐妹们很多，众星捧月一样对他，加之封建社会中亲戚间的联姻都是非常普遍的，所以对宝玉有想法的黛玉不吃醋才怪。

比如宝玉想要看宝钗的红麝串，无意中却发现了宝钗的丰盈动人，一时意乱情迷，黛玉赶紧把手绢打在宝玉脸上，还讽刺他是呆雁。这是提醒宝玉你已经是有主的人了，只能为自己着迷，不能再爱慕其他女性；同时也提醒宝钗，要收敛爱心。比如因为宝玉得了的金麒麟和史湘云的那个金麒麟相像，黛玉担心宝玉因为这些玩意的暗示，和史湘云做出不轨之事，急去探望。这既是警告宝玉，同时也提醒史湘云勿生妄念。既是吃醋，更是担心。

这种情绪延续到了第八回《比通灵金莺微露意 探宝钗黛玉半寒酸》中，可以说是一次集中爆发。从薛宝钗假模假样拿起通灵宝玉的那一刻起，莺儿就不失时机地点出了金玉良缘的暗示。贪玩的宝玉竟然闻到了宝钗身上的"冷香"还闹着要吃，这些都被黛玉看在眼里。

一语未了，忽听外面人说："林姑娘来了。"话犹未了，林黛玉已摇摇地走了进来，一见了宝玉，便笑道："嗳哟，我来的不巧了！"这是暗示宝玉比自己还早地来看望宝钗，可见关系不同一般。

当被宝钗反问时，她又说："早知他来，我就不来了！"当宝钗说更不解了的时候，她又借故岔开："要来一群都来，要不来一个也不来，今儿他来了，明儿我再来，如此间错开了来着，岂不天天有人来了。姐姐如何反不解这意思？"然后宝玉让底下的婆子准备斗篷，她又接着说："是不是，我来了你就该去了？"当然宝玉没有走，走了就该真是显得心虚了，但也不是不明白黛玉的意思。

书中接着写道，酒席宴间，黛玉又与薛姨妈、李嬷嬷轮番斗嘴，无不与宝玉有关。酒足饭饱之后，宝玉和黛玉一起告辞回家。临走，宝玉嫌小丫头笨，给他戴得斗笠不好，"罢，罢！好蠢东西，你也轻些儿！难道没见过别人戴过的？让我自己戴罢。"黛玉接过来："罗唆什么，过来，我瞧瞧罢。"宝玉忙就近前来。黛玉用手整理，轻轻笼住束发冠，将笠沿掖在抹额之上，将那一颗核桃大的绛绒簪缨扶起，颤巍巍露于笠外。整理已毕，端详了端详，说道："好了，披上斗篷罢。"一副主母风范，算是让事情有了一个圆满的结果。怪不得甲戌双行夹批：若使宝钗整理，颦卿又不知有多少文章。但是细想起来，黛玉的所谓吃醋，都是情之所至，并非故意生出事端。

◖ 撒娇

提到林黛玉，很多读过小说《红楼梦》的读者多数的印象是"小性""爱哭"。但仔细看这些细节，都不是无事生非，还是和宝玉密切相关。其实黛玉的小性，用现在的话就是有点"作"，但这个"作"只是针对恋人的，其实可以称之为撒娇。

举例来说，第二十一回《贤袭人娇嗔箴宝玉 俏平儿软语救贾琏》中，宝钗生日，大家点戏看，发现有一个戏子的神韵有点像林黛玉。因为古时候戏子身份低贱，跟林黛玉这样的大家闺秀放一起比较不合适，大家也都没有说破。偏巧姐妹里有个直爽的史湘云说了出来，宝玉唯恐林妹妹不高兴，赶紧给湘云使眼色。于是林妹妹生气了，宝玉离席去哄，就有了下面这段对话：

黛玉又道："这一节还恕得。再你为什么又和云儿使眼色？这安的是什么心？莫不是她和我玩，她就自轻自贱了？她原是公侯的小姐，我原是贫民的丫头，她和我玩，设若我回了口，岂不她自惹人轻贱呢？是这个主意不是？这却也是你的好心，只是那一个偏又不领情，一般也恼了。你又拿我作情，倒说我小性儿，行动肯恼。你又怕她得罪了我，我恼她。我恼她，与你何干？他得罪了我，又与你何干？"

作为大家闺秀，林黛玉不会直接把宝玉和湘云使眼色惹她生气的真实原因说出来，反而拿两者的身份做文章，巧妙地掩饰了自己真实的想法。林妹妹这种"小作"其实只是男女之间在没有确立恋爱关系时候的彼此试探，就

像上学时男女同学之间的扎堆儿打闹，有心的就是在做试探，比如男生喜欢
哪个女生，反而喜欢找茬儿来激怒她。

　　林妹妹的撒娇还体现在爱哭上。有人统计，小说的前八十回林妹妹一
共哭了 37 次，绝大多数还是为了宝玉。流眼泪算是黛玉的拿手好戏了，第
三十回《宝钗借扇机带双敲 椿龄画蔷痴及局外》里，那黛玉本不曾哭，听
见宝玉来，由不得伤心，止不住滚下泪来。宝玉笑着走近床来道："妹妹身
上可大好了？"黛玉只顾拭泪，并不答应。宝玉因便挨在床沿上坐了，说
着，又把"好妹妹"叫了几十声。黛玉心里原是再不理宝玉的，这会子听见
宝玉说"别叫人知道咱们拌了嘴就生分了似的"这一句话，又可见得比别人
原亲近，因又撑不住，便哭道："你也不用来哄我！从今以后，我也不敢亲
近二爷，权当我去了。"宝玉听了笑道："你往那里去呢？"黛玉道："我回
家去。"宝玉笑道："我跟了去。"黛玉道："我死了呢？"宝玉道："你死了，
我做和尚。"没有这一哭，怎么能这么恰到好处地逼出真心话呢？

◖ 调情

　　在第二十三回《西厢记妙词通戏语 牡丹亭艳曲警芳心》中，宝玉告诉
黛玉："我就是个'多愁多病的身'，你就是那'倾国倾城的貌'。"黛玉听
了，不觉带腮连耳的通红了，登时竖起两道似蹙非蹙的眉，瞪了一双似睁非
睁的眼，桃腮带怒，薄面含嗔，指着宝玉道："你这该死的，胡说了！好好
儿的，把这些淫词艳曲弄了来，说这些混帐话，欺负我。""你说你会'过目
成诵'，难道我就不能'一目十行'了？""一般嘬的这么个样儿，还只管胡
说。呸！原来也是个'银样蜡枪头'。"

　　这一来一往的都是当时被列入淫词浪曲中的内容，上不得台面的，更不
要说出自这些大户人家孩子之口了。别看黛玉一脸正气的，其实对这些内容
她也熟悉得很。但是两人突破了寻常的规矩，变成了恋人之间说的体己话，
分明就是在调情。比对别人说得深，比对别人说得露骨，但是知道你不会

恼。和别人说就是耍流氓，同你讲就有了些小情趣，也借着台词说出平时不便说出的肉麻话。这就解释了为什么女生都喜欢"坏男孩"，但黛玉也不是个假道学，所以才能说到一起去。

关心

不要认为宝黛之恋只是因为有了心灵上的契合，林黛玉很清楚光会吃醋、撒娇只会把男朋友吓跑、烦跑的，所以还需要给他些甜头，觉得这个女朋友对自己好，能帮到自己，甚至是独一无二的。第八回中还有个情节，一时黛玉来了，宝玉笑道："好妹妹，你别撒谎，你看这三个字那一个好？"黛玉仰头看见是"绛芸轩"三字，笑道："个个都好，怎么写的这样好了！明儿也替我写个匾。"宝玉笑道："你又哄我了。"

而在正式场合，林妹妹是绝对识大体的。元妃省亲时，姐妹们奉命作诗。宝玉作不出来，宝钗提醒他元妃的喜好，而黛玉则是直接替宝玉作了一首，这首代笔诗获得元妃大赞。所以关键时刻林妹妹这个女朋友是绝对不会掉链子的。

学会消除嫉妒心

亲密关系建立后，由于"爱情的独占"，"吃醋"就会成为家常便饭，特别是自己的另一半和其他异性存在过于亲近或容易误解的关系。"吃醋"其实是"嫉妒"通俗的说法，指的是男女间因情感而引起的纠葛。传说唐太宗曾经赐两名宫女给他的良臣房玄龄做妾，房玄龄婉言拒绝了。有人说："房玄龄很惧内，不敢纳妾。"于是唐太宗就赐了房夫人一壶毒酒，并传旨："要么你允许房玄龄纳妾，要么就喝毒酒而死。"房夫人接过毒酒后一饮而尽。但是没有死，因为里面的毒酒是醋，从此给世间留下"吃醋"的典故。

◖ 人为什么会嫉妒

正如教育家培根所说：**"嫉妒总是来自于自己与别人的比较，如果没有比较就没有嫉妒。"**嫉妒是人们为了竞争一定的权益，对他人怀有的一种冷漠、贬低、排斥，甚至是敌视的心理状态。

普通人性的一切特征中，最不幸的莫过于嫉妒。因为嫉妒的人希望随时给他人以伤害，而自己也会因为嫉妒而郁郁寡欢。其实嫉妒者所受到的痛苦比任何人遭受的痛苦都要大，自己的不幸和别人的幸福都会使他痛苦。

在亲密关系中，嫉妒不一定都是这么剑拔弩张的，但是"同性相斥"的现象还是普遍存在的，所以嫉妒背后是如何处理亲密关系之外的异性关系。

◖ 嫉妒什么样

在亲密关系中，嫉妒的表现形式主要有以下两种：

第一种，反应性嫉妒。反应性嫉妒是一方真切感受到了亲密关系遭受外来同性的威胁才会产生的嫉妒。比如看到伴侣和陌生异性谈笑风生、接到异性电话却回避自己、当面赞美其他异性，由此产生的嫉妒就是反应性嫉妒。

经常会听到这样的提问，比如为什么男性跟女朋友逛街还爱看别的女孩子？已婚男，单位女同事却老让他帮忙、和他献殷勤，该怎么处理家庭及她们的关系？这都是反应性的嫉妒，只是角度不同而已。我在网上看到一个真实事件：一个女生和男朋友外出逛街，男友受到陌生的、要拍摄抖音的女生的亲昵搭讪，这位女生见此情景破口大骂，事后男友觉得不妥，女生却觉得没有问题。这就是一个典型的反应性嫉妒的案例。

第二种，怀疑性嫉妒。怀疑性嫉妒是在对方没有实际行为时，基于无端猜测而产生的一种嫉妒。比如因为加班而回家晚，却猜测对方是不是与异性约会去了；觉得对哪位异性同事待遇特殊了，就以为两人有故事。网上有个新闻，老公因为给女同事撑个伞就让妻子崩溃了。还有就是对其中一方过去的恋爱对象或前任产生嫉妒等。

有个典故叫"疑人偷斧"，是说有个人怀疑邻居偷了自己的斧子，所以看邻居的一举一动都像小偷；后来发现斧子并不是邻居偷的，再看这个邻居，一举一动就都不像小偷了。这种嫉妒就是缺乏信任的心理在作祟。心理学上还有一种常见的症状，称为自证预言，是指人会不自觉地按已知的预言来行事，最终令预言发生，也就是说，总是这么怀疑，难免不成为现实。

嫉妒如果失控的话，就会导致一些极端行为的出现，比如对另一半处处防范、处处不放心；不许对方打扮，不许对方参加正常的社交活动，甚至另一半外出都要盯梢，乃至频繁翻看对方手机等。一旦这些情况出现，亲密关系就很难融洽了，离分手也就不远了。

◖ 五步学会消除嫉妒心

第一步，坦诚自己的嫉妒心。

因为异性的原因，对自己的爱人存有嫉妒心，是亲密关系中再正常不过的事情，相反视而不见、听之任之才会很奇怪。用适当的方式表达自己的嫉妒心，很多时候对亲密关系的改善更有帮助，总比平时不沟通、一下子爆发而无法挽回好。当然，与伴侣分享这种嫉妒时是要讲求方式方法的，更多的是要尽量婉转地表达，同时这种嫉妒不是无理取闹，而是基于对亲密关系中安全感缺失的担忧，所以核心是如何消除这种不安全感。

比如伴侣一方有异性朋友这件事，放到谁身上都会产生嫉妒感，只是程度不同而已。但是又不可能有了另一半就要与其他异性隔离，这肯定不现实。关键在于如果他们保持的的确是朋友关系，那就不用担心，如果以为是朋友关系或以朋友关系之名发展超友谊关系，就会对亲密关系产生威胁。

　　这种情况下，与其担心瞎想，不如和对方开诚布公地交流，表达自己这种担忧，此时还不是嫉妒，因为一旦落入嫉妒，只有他的异性朋友消失才是唯一的解决方案，双方要探讨如何有效解决这一问题。当然要心平气和，不要用指责、讨伐的口吻，更不要过早定性。如果允许，可以适当参与对方的活动，真实评价一下他们的关系。如果没有出现令人无法接受的情况，还是以信任为主，不必庸人自扰，为此断送了难得的感情，得不偿失。

　　第二步，调整好自己的心态。

　　嫉妒是一种正常的应激反应，但如何看待、怎样处理、结果如何还是取决于自身。当被嫉妒心态困扰时，要学会及时调整好心态，有效干预并迅速解决。首先是构建双方的信任，其次是加强沟通。

　　信任基于亲密关系中彼此的忠诚。忠诚是对自己、对配偶、对家庭的负责，是基于内心的自律，而不是要在两性交往上强行套上枷锁。是不是恋人之间、夫妻之间把自己封闭起来，关在一个小圈子里，不和其他异性发生任何关系，这样才能体现忠诚呢？你就是想这样，现实社会也不允许啊！人们可以和亲密关系以外的异性正常交往，而这些关系无疑对于增进亲密关系是有益而无害的。

　　有些女生对于男友和自己出去逛街还爱看别的女孩子非常不满，其实大可不必较真。男生会看女生，女生也会看男生，小鲜肉的说法就是基于女生视角的，"爱美之心人皆有之"，看了也不能怎么样。真正能和你生活在一起的还是身边的人，还是触手可及的人，大多数成熟的人都会有这个见识。下回男友再看，可以和他一起欣赏，一来了解一下动向，二来也给他一个宽松的态度，避免了没有必要的矛盾。偶尔你也请他看看你所欣赏的男生，让他感同身受一下，彼此脱敏了也就不是问题了。

　　第三步，大胆地找寻答案。

　　如果对伴侣嫉妒了，最好的破解办法就是为所嫉妒的事情尽快找到答案，而不是无端猜疑。

对伴侣的很多猜疑中有一种情况就是觉得他与别人暧昧不清，这是很有杀伤力的。如何理解暧昧？很多人说不清。这种事不好判断，最好的办法是和对方直接讲，我觉得你和他的关系有些暧昧，你看怎么解决这件事？

请注意，你是在和他提出需要认真讨论这件事的建议，而不是兴师问罪，一定需要你们以沟通为前提，而不是你认为是，然后问他怎么办。

不需要认定暧昧的定义，重要的是他的解释。注意要心平气和、认真交流、不带预设。能说清楚，能达成共识最好；如果不行，就需要他提出如何避免你继续受到这个问题困扰的办法。离开异性朋友不是唯一答案，也不要你提出解决方法，但必须要有结论。

第四步，明确自己想要什么。

嫉妒因情绪始，可以展现自己的嫉妒，可以寻求答案，还要知道这一系列行为之后自己想要的结果是什么。不仅仅是促进关系和谐、彼此放心这样的宏观结果，必须落实下来，即处理完这件事所要的结果。当然如果是要求对方从此与异性隔离这样不太现实的结果就算了，但是怎样做是自己满意的，不怎样做就会把关系降级甚至分手，还是要清楚的。

比如，如果女友当着你的面儿搭讪其他帅哥，你会怎么做？看到自己的女友和别的异性接触，多少有些不舒服是人之常情。如果女友不是特别过分，对他人也没有非分之想，也没有超出你的接受程度，可以泰然处之，表现得大度些，毕竟天天为这些事情纠缠是很伤感情的。

如果确实女友的表现超出了你所能容忍的程度，就需要和她认真沟通一次，当然不是质问、指责，而是如实地把自己的感受告诉她，希望她可以理解你的感受。交流之后也许有几种结果：一是接受了也改变了，是最佳结果。二是不接受不改变，还认为你小题大做，那你就要考虑和她未来的关系了。三是接受但就是改不了，这个也很麻烦。因为两个人的相处确实无法用对错来衡量，也很难在不情愿的状况下为对方改变，图的就是一个般配。

如果是这样，就要判断自己的去留了。这些思考是要在谈话之前就梳理清楚的。

第五步，分寸有方。

前面谈的都是出现了类似情况后如何克制、引导嫉妒心态。但毕竟处理不好嫉妒的问题对于亲密关系是有影响的，所以应尽量不要造成嫉妒，要求对方调整心态是次要的，而造成嫉妒的一方如何避免才是更重要的。

比如前面谈到的，已婚男，单位女同事老让他帮忙、和他献殷勤，该怎么处理家庭及他们的关系？在这里，和这样的女同事相处就要有分寸、有明确的界限，帮助归帮助，但不要让对方误解，遇到有过分的行为要及时提醒，不要"不主动，不拒绝"，然后出问题了还一脸无辜的样子。换位思考一下，自己的伴侣和其他男人如此，大概你会更不爽。所以处理好就能够兼顾，处理不好就是隐患。

总的来说，嫉妒是令人不快的、会让人坐立不安，并时常伴随着伤害、愤怒与恐惧。不过，善用嫉妒也可以改善亲密关系，至于如何让"嫉妒"成为自己婚姻中的情感润滑剂，就要看个人的情商与智慧了。

非语言沟通

肢体的接触在亲密关系中是体现爱的一种沟通手段。对一部分人来说，肢体的接触还是他们示爱最主要的语言，缺少了可能就会感到爱和安全感的不满足。而对喜欢亲昵动作的情侣来说，肢体的接触或者抚摸远胜于"我爱你"这样的甜言蜜语。

◀ 无声的示爱可能比"我爱你"更动听

在亲密关系中，适当的爱抚确实能够起到表达爱意的作用。因为触觉的接受感官布满人的全身，当爱人之间彼此触碰时，就会第一时间感受到。温柔的抚摸作为一种特殊的示爱方式，在亲密关系中必不可少。除此之外，某些属于爱侣之间特别的方式，也会给他们带来更多的乐趣。身体语言就像是一场无声的催眠，爱人之间的感情距离会在无形当中迅速缩短，但这种爱的接触需要全神贯注地投入才会有效。在日常生活中，以肢体接触示爱的方式可以无处不在，关键在于要主动为之并享受其中。

可以想象这些场景：外出逛街购物的时候，双方可以自然伸出胳膊去挽住对方，也可以彼此手拉手，这和年龄无关，也和婚姻与否无关。当然这样做需要习惯，特别是在他人面前。如果有小孩的话，可以牵着孩子的手，但是也不要忽视与爱人的肢体交流。比如当给对方倒水的时候，可以把手放在他的肩头；可以在厨房擦身而过时，轻触到对方的身体；还可以在餐厅就餐面对面坐着的时候，用膝盖或者脚尖去触碰对方。再比如丈夫出门时，妻子可以为他整理衣帽、梳理头发，当然还有亲吻等。这些表现非常正常而又温馨，它代表了爱人关系的和睦和亲昵。看似无心，但这些在平时累积起的小动作确实可以很好地加深彼此的好感。

此外，如果能够创造属于彼此独特的肢体语言，会使两个人的关系更加密切。当赋予它特殊的意义时，就会将亲密关系连接得更加紧密。等有了意义之后，动作就不再是为了情绪而服务，相反动作决定情绪。换句话说，不是因为高兴才做这个动作，而是因为做了这个动作才感到快乐。特别是在公共场合做这些动作时，别人可能不知道动作的意义，但照样可以看出爱人之间的互相了解和默契，进一步强化了两人之间的纽带和情感。

爱人之间缺少不了适当的肌肤相亲，即使是度过一段婚姻时光也要如此，无须一味地抗拒，没有反而不正常。但这不意味着因为处于亲密关系之中就可以为所欲为，只有用对了方法，才能加深彼此的爱意；如果只是单方面的粗暴表现，那么带来的只有厌恶和痛楚。对你的爱人而言，有一些动作是他不喜欢或者讨厌的，如果置若罔闻，继续坚持那样做，那么传递出的信息只能是厌恶。这也表明你无法感受到对方的情绪，让他以为你对他漠不关心，这是一个很常见的自我认知错误。当然在不适当的情况下表达也会破坏彼此之间的关系，比如有些公共场合或亲属面前。因此不要以自己觉得好的方式去接触爱人，应当事先与对方沟通，问他喜欢什么样的方式。这需要花费时间和精力去学习。

◀ 肢体接触还是说服的好方式

除了制造情绪，让感情升温之外，肢体动作还有一个逆天的功能，就是可以在爱人之间的互动中帮助说服对方。如果一方向爱人提出一个要求，他答应你的可能性也许是 50%，那么用上一些肢体语言后成功率可能提升到 90%。比如采用仰视的方法，在为他系领带时或是勾到他脖子上撒娇的时候提出要求。因为在这一时刻，女生的脸刚好位于他的视线下方，这就会带来两个好处。首先，女生的脸会在视觉上变小，从而显得更加温柔和楚楚动人。其次，当仰视男人的时候，能够充分激发他的征服欲，让他的雄性荷尔蒙喷薄而出。此时，哪怕是要星星要月亮，他也会二话不说地答应下来。

还有就是投其所好的行为，以此让他享受到自己的付出，然后再提出条件作为交换就顺畅得多。比如为对方按摩，做一些对方希望的事情。在完成之后就可以提出自己的要求，所谓"吃人嘴短，拿人手软"，平时不能马上做或不愿意做的事情在此时也就不好不做了。这样做虽然经常被冠以"无事献殷勤，非奸即盗"的戏谑，但不失为一种亲密关系之间的促进。

但要注意的是，在提出请求时如果肢体语言是僵硬和不友好的，或者没有完全满足自己的要求就表现出急躁的态度，都会让对方第一时间感受到强迫和被控制，自然就会产生抵触心理，反而搞得不欢而散。所以动作应该是轻柔和富于感情的，态度也要耐心而友好的，这样对方才会收获愉悦和被仰慕的感觉，从而更加倾向于同意你提出的要求，所以撒娇也是一门学问。

◀ 有助于识别真实意图

举个例子，男生拿出一个小礼物送给女生。女生面露惊喜的表情，伴随咧开嘴的笑容，同时张大眼睛、眉毛上挑等，而且这样的表情持续了五秒以上。很不幸，这只是女生在刻意展示自己的惊喜面，只不过不想让男生失望而已。这种场景在亲密关系中并不少见。所以，了解一些"微表情"对于了解对方的真实想法有好处。

首先就是我们的脸部。我们左右的两边脸有着不同的分工。左脸直通人的心灵，经常表露出内心的真实感情，因此叫作"隐蔽"的面孔。右脸就好像一副面具，会按照心里给出的要求做出微笑、悲伤、生气等虚假表情，而将内心真实的喜怒哀乐隐藏起来，因此又叫作"公开"的面孔。许多时候，我们左脸所显露的真实信息正是右脸要掩饰的。当人脸对称活动时，不管是欢笑、发怒还是悲伤，都是发自内心的。相反，当人对自己的感情有所意识时，脸的左右会出现不同的表情，比如当众出丑、面露苦笑、鄙视某人、表示轻蔑等，这些表情基本都是不对称的。所以，我们的左脸比右脸更靠谱。

其次，肢体动作可以识别对方是否在说谎。如果他在和你说话时挠脖子，而且是食指抓挠脖子侧面或者位于耳垂下方那块区域的话，那表示对方有可能在说违心话。若是手伸到脑袋后面挠后脑勺或是后脖颈，表示的是局促、不知所措之类的意思。有时在说谎时也会不停地摆弄自己，捋捋头发、抓抓头顶，或是在手臂不动的情况下有很多手部的小动作。又或者是为了对自己所说的谎话进行修正和补充，在说话时会有大幅度的手部和手臂动作。同时，人的坐姿也会经常改动，而且是那种全身性的，躯干和腿部都在移动，头部通常也会跟着动。另外，说谎时脚拍打地面的节奏也会突然发生变化。表面上满口答应，但双脚脚尖却对着出口，那是暗示"我想离开这儿"。

其实学会这些判断的方法并不是要把自己塑造成受害者而处处提防，只是让自己有效识别对方的真实意图，这样做只是尽量把交流放置在一个正常的轨道上，更重要的是能跟上对方的思维节奏，这似乎更有价值。

进攻型的追求方式

追女生被拒绝（追男生被拒绝也有，但几率小一些）这是很多人都遇到过的事情。而被拒绝后从朋友口中常听到的安慰应该就是这句话："别灰心，女生要死缠烂打才能追到。你只要继续追下去，一直缠着她，不要放弃，总有一天她会和你在一起的。"

这句话到底有没有道理呢？也有也没有，因为它的厉害之处在于，理念上绝对正确，但方法上绝对含糊，说话的人无论结果如何都是毫发无伤，但是听的人如果悟性不够，可能就真把自己给毁了。所以**死缠烂打前面应该加上一句定语，用正确的方式去死缠烂打才会成功，否则招来的只会是女孩子的抗拒和讨厌。**

◀ 死缠烂打往往让这些人坏了名声

在恋爱中，的确也是如此，一些姑娘明明不喜欢一个男生，结果却没有经受住这个男生的死缠烂打，不管是尾随、反复地索要联系方式，还是不停地表白，反正她们会天真地认为这个男生肯舍下面子，对自己软磨硬泡，那就说明他是真心喜欢自己，所以索性就给他个机会。死缠烂打最可怕之处就在于眼前这个盒子一旦打开，你不知道放出来的是天使还是魔鬼。但事实证明，死缠烂打可能收获真爱，但多数情况下确实要离这些人远一些。

就当是我们充满了偏见，一般死缠烂打的男生人物画像是这样的。这种男生比较自我，一般对他认为属于自己的东西比较霸道，势在必得。他喜欢你就代表你也一定会喜欢他，不是太在意别人是不是心甘情愿。他只是在编织自己的爱情童话故事，但你只是配角，主角永远都是他，因此考虑的也只有他自己的感受。

一个正常的男生就算再喜欢你，也知道爱情是不能强迫的，所以当他把该做的都做了，你还是拒绝了他，他会懂得尊重你的选择，不再打扰你。而死缠烂打的男生不太懂得尊重人，你的拒绝会被他视为一种挑战，从而激发他的"斗志"，所以追求的过程和结果已经不太关乎爱情本身了。而且这些男生性格容易走极端，极端行为背后反而是深深的自卑，所以甚至会采取非常出格的方式胁迫你就范，会让你的处境变得危险。这类人平时对人对事都是如此，得不到的他宁愿毁掉，所以他情愿毁了你，也不愿意放你走。

◀ 死缠烂打的正确方式

死缠烂打的正确方式是什么呢？首先需要保持一个正确的心态，千万不要被拒绝了就陷入心态崩掉或绝望的状态。"不经历风雨怎么见彩虹？没有人能随随便便成功"，哪儿有那么多一次通过的？况且作为女孩子还不考虑考虑、考验考验、矜持矜持？所以一次不成功很正常，也许被拒绝后机会才刚刚开始。因为被拒绝了，你才会有可能深刻地认识到她不喜欢的是什么类型。所以即使被拒绝也不必灰心丧气，而是要重整旗鼓。开始新的追求和目标必达的决心就已经是给自己加分了，说明你追求的才是真爱啊！

死缠烂打，我们分开来看，"死缠"正确地理解应该是因为对目标的坚定，夸张地说就是抱定必死之信心，所以敢于为达到目标而付出、不畏艰辛。而大部分人却只理解到了它的表面意思，认为死缠就是不断地纠缠，不考虑分寸、不考虑方法地追求。殊不知，这样只会让女生觉得你烦，甚至产生畏惧，根本不愿意和你再有接触。严重的话，更是直接拉入黑名单。如果换位思考一下，别人这么骚扰自己，你是不是也受不了？

所以还要有智慧加持，使用适合女生的方式方法，坚定不移地去接近她，她才会在接受的前提下，感觉到你的执着、你的信念。谁都是感性的，当你这些付出后，她会看在眼里、记在心里。这样也许新的机会就出现了。你可以在她面前展现自己的各种优点，让她对你也有一个更加全面的认识和了解。

而"烂打"则是强调就算被女生打烂信心，也不能自暴自弃，而且要适当放下所谓的面子去努力追求，这样才有可能追到女生。死缠烂打是一个行动和心态高度融合的词，只有正确地认识它，才可以在恋爱中发挥有效性，而非起反作用。如果简单地理解表面意思，就会成为很多人不顾底线、不顾他人感受的流氓行为，这显然不是我们想看到的。女孩愿意接受的是一个遇到挫折也会迎难而上的人，所以积极地了解女生、积极地去接近女生、积极地调整自己，才是最应该做的。

具体说来要怎么做呢？首先，尊严还是需要的。死缠烂打并不是让你臭不要脸，不是让你"跪舔"，因为保持自尊和爱面子是两码事，放下身段和突破底线也是两码事。最终能够在一起还是要靠吸引的，而不仅仅是靠感动、靠追求得来的！即使女生因为一时的感动和你在一起了，到头来，如果缺乏起码的感情基础和彼此吸引，时间长了对你的好感也会消耗殆尽。

其次，不要急于求成，先从朋友做起。喜欢一个女生的时候，刚开始意图不要太明显，只当朋友对待，如果她愿意的话，经常为之，慢慢给她不同的感受。先让她习惯你的存在，让她适应你，逐步让她能够想起你，记得你的好。

最后，"打铁还要自身硬"，只有加强自身魅力，并尝试为她做出改变，才是保持长久并走向幸福的关键。

◖ 这样的女生就算了

但对男生而言，即使用了正确的打开方式，如果你追求的女生有如下表现，你就不要再继续死缠烂打地追求了，否则会死得很难看。

女生在对待除你以外的人都会和和气气、笑容满面的，而唯独对你却是剑拔弩张、吹毛求疵。那么很明显，这个女生在针对你，她生怕对你表达一点善意后，你就会得意忘形、死缠烂打，所以她是在用实际行动断绝你的痴心妄想。

每次挑你毛病，本来你无关紧要的毛病照样会被女生事无巨细地挑剔出来，还要放大。这类女生故意忽视你的优点，专门将注意力集中在寻找你的缺点，就是为了将你贬得一无是处，从而对你进行心理打击。她不会正眼去看你，无论你说话还是办事，她都会想方设法地嘲笑你，处处挑你的不是，时时跟你作对。而且她喜欢在众人面前出你的丑，让你颜面扫地。

她会尽量避免和你单独相处，不管你怎么邀约她，即使和你出去也不会和你齐头并进，她会尽量拉开你和她之间的距离，避免你的突然"袭击"。你的关心对她来讲是一件很恶心的事情，即便她遇到困难，你主动前去帮忙，她也会让你靠边站。因为这类女生非常嫌弃你，不会让你有任何机会。

◖ 下面这部分是送的

对于女生，如何才能成功对付男生的死缠烂打呢？

　　认清自己的立场，坚持自己的原则。最关键的还是看自己，让他觉得死缠烂打无望，自然感觉无趣，不言而退。当遇到这种男生时，千万不要客气，不用暗示、不要婉转，直接十分肯定地告诉他你不喜欢他，你们绝对不可能。没有如果，让他不要抱有幻想，千万不要留有任何余地，不要让他感受到他还有一丝一毫的机会；但凡你稍微态度暧昧，他就总觉得还有可能，会继续对你进行纠缠。

　　别给予任何回应。如果你已经表明了态度，就不要给予任何回应。不管出于何种理由，你一旦给予他任何回应，他就会死灰复燃，没完没了，那么你的一切努力都白费了。但是不建议用过分粗暴的方式，这可能会给自己招来不必要的麻烦。

克服沟通障碍

这些沟通障碍的"雷"，相信你也踩到过。

高年龄差的沟通

其实在亲密关系的建立上，尽管很多人经历过所谓"同桌的你"这样的校园恋爱，但其实真正走到一起的概率是很低的。针对全世界的婚姻记录分析，可以看出就平均水平而言，全世界的男性更喜欢选择年龄比自己小2.66岁的女性为伴，女性则对年龄比自己大3.42岁的男性更加青睐。所谓的"老少配"正在大行其道。

欧洲的科学家们做的一项调查也似乎支持了这样的结论。年龄的确是影响婚姻稳定的一个关键砝码。英国巴斯大学伊曼纽尔弗拉尼耶博士对1534对情侣进行了一项跟踪调查，结果显示，能强有力维系婚姻的最佳情侣模式是：男女双方均受过高等教育且无离异史，同时男方比女方年长5岁以上。研究者称，妻子比丈夫小5岁以上是最不容易产生矛盾的年龄组合，他们的离婚率为其他婚姻的1/6。

不管是男性还是女性，有年轻的异性喜欢自己终归是好事，说明你有魅力，兼具成熟与活力。但与他的年龄悬殊也是客观事实，和很多年龄相仿的情侣相比，的确需要为此付出更多的努力，前提是你愿意接受并尝试开展这段感情。的确，相爱这件事和年龄没多大关系，而且现在社会对这种搭配也是接受的，只要家里不太计较就行。

◀ 年纪大为什么会受青睐

目前社会上对于老夫少妻还是比较被认可的，很多女孩子也不排斥与年龄较大的男性交往，相对于年轻男性，成熟男性的确有一些竞争优势：

第一，经过多年的社会打拼，他们已经积攒了一定的物质基础和人脉，基本上有车有房、衣食无忧，这是很多丈母娘喜欢的。对于女生而言，至少少了很多年的努力就能基本达到自己的生活要求，所谓"青春易老，红颜易逝"，因此这一点还是有很大吸引力的。

第二，男生的成熟期较之女生要晚，从这个意义上，与同龄人结为伴侣最大的挑战就是要一起成长，或者说女方必须接受男方在心智上与自己的不匹配。而与年纪比较大的男性结合，不仅时间已经弥补了这个差距，而且在人情世故上，他们有了更多的历练，处理人际关系上会更温柔一些，所以对于女性会多一些耐心，不太会像年轻男性一样直来直去、不管不顾，也会更多地从女性的角度思考问题，女性与之相处自然会舒服很多。

第三，由于年龄悬殊，男性会更多把对方看作是小女孩，很多事情上不会特别计较，甚至是宠爱有加，这的确不是同龄男性都会给予的。而且，和一个有一定社会阅历的人相处，女性还会从中学到很多社会经验。

◀ 甘蔗没有两头甜

但是这种结合不会都是好消息，有的说法是不少"老少配"夫妻甚至熬不过三年，这也似乎并非危言耸听。

第一，成也年龄，败也年龄。比如两者相差十余岁，按照现在五岁一代的说法，也有将近三至四代的代际差。代沟是绝对存在的，毕竟彼此生长于不同的时代，三观不合也很正常。大多数情况下不仅要迁就她，还要保持一颗年轻的心，不断学习新东西，始终会有较强的紧迫感，所以会觉得很辛苦，而对于大多数同龄人而言，这种更新的压力就没有那么大。此外，你还要保持与同龄人相比更好的体力，毕竟对方还是年轻。有个真事儿，一哥们儿老婆不仅年轻，还是个退役的皮划艇运动员。一到周末他就发愁啊，因为媳妇儿总是拉着他去划几圈，划完了什么样——人都要散架了！

第二，你的经济基础丈母娘是喜欢的，但是你的年龄是不太能接受的。正常情况下你的年龄应该介于人家父母和孩子之间，而且和她父母的年龄更接近，这个对于人家父母是有心理压力的，可能一半儿来自于亲朋好友的说三道四。如果之前有婚史，并且还有孩子的话，这可能又是一个障碍。

第三，如果你们的关系仅仅是短暂的也还好，双方都会享受彼此最好的时光，如果想长期发展下去，一个问题也不容忽视，就是生理问题。正常的夫妻生活也不能忽视，基本上男性的高峰大概在二十至三十岁，而女性的高峰期大概在三十几岁，也就是说你是在下降期，而她是在上升期，这的确是个考验。

第四，如果年纪太小，女方的人生才刚刚起步，很多事情都是未知数，此时对你的认识和她长大以后对你的认识一定会有变化，所以要看维系你们的内容短期的多还是长期的多。此外，这个岁数的女生对你的感情也是复杂的，有情窦初开的部分，也有对你的崇拜，把你当作人生导师，一旦她完成了成长，可能你的价值就会缩减得比较快。所以，你可能是她感情生活中非常重要的一部分，但不是陪她跑完一生的人，这个心理准备还要有。

◀ 接受挑战享受其中

其实不考虑这种关系会在一起多久，有这种机会都建议不妨尝试一下，毕竟不是每个人都有开展这样一段情感之旅的机会。但因为不是常态，因此遇到的挑战肯定会比别人多，但说到底还是要看两人是否真心相爱，以及能否认真地经营。

第一，不必患得患失，也不必考虑两个人能够在一起多长时间，认真地过好每一天才是要义，年纪大的人更应该懂得这些。所以建议把"不在乎天长地久，只在乎曾经拥有"作为座右铭，活在当下、珍惜当下。

第二，不必过分看重别人的评价，日子是自己过的，只要不影响别人就好。无非就是有人会说你是"老牛吃嫩草"，就让他们羡慕嫉妒恨去吧，这是一种荣耀，不是什么见不得人的事，和年轻的人在一起，说明你也是年轻的。

第三，努力突破自己，不要人为地自我设限。对女方不要除了宠爱之外就是我行我素了，也不要觉得她的都是小孩子的东西，自己接触会让人觉得幼稚。其实有这样一个小女友，能让你真正地与时俱进，不至于与社会脱钩，可以脱离你的年龄段一般人的状况，延续自己的年轻状态。

还有一个不容忽视的事实，就是除了"老夫少妻"外，老少配还包括女大男小这种情况。根据一项调查显示，在 20 世纪 90 年代"男大女小"的婚姻模式占 70%，"男小女大"的婚姻占 13.32%，其余是年龄相差不大的。然而二十年过去后，这个数据发生了巨大的变化，"男大女小"的婚姻从 70%下降到 43.13%，而"男小女大"的婚姻则从 13.32% 上升到 40.13%。"男大女小"和"男小女大"数量已经到了分庭抗礼的地步。而且年龄差得多的也不在少数，这可能在一些人眼中就不是能不能接受的问题，而是有点离经叛道的味道了。必须承认，男女不平等的观念也会在这里发生，而且挑战更大、压力更大。但如果真心相爱，问题也是可以克服的。

其实工作也罢、婚姻也罢、恋情也罢，都是别人在帮助你完成自己的人生，从这个视角想一想，你可能就不会拘泥于某个事情、某个状态，而是可以更超脱、更理性地看待发生在自己身上的所有事情。

如果它在身上发生了，就去享受这件事吧！

男生女生的差异

男人和女人交往时，有时会因为无谓的小事情而发生争吵，有时候甚至只是一点小问题，也可以变成分手的导火索！常常听到很多女人表示，自己没办法和男朋友沟通，男人的逻辑太难懂了！到底男生女生的想法差在哪呢？

据说男女来于不同的星球，所以有本书叫作《男人来自火星，女人来自金星》，男人和女人的思维方式根本就是截然不同的，由此导致男人和女人处理信息和传递信息的方式也有所不同。在沟通的时候，如果彼此不能了解背后的含义，很多时候就会鸡同鸭讲，吵架自然就成了不可避免的事情。

◀ 男人女人原本不同

男女究竟有什么不同呢？简单来说，男人注重逻辑，关注外部世界的变化；女人则偏重感性，在乎他人对自我的评价。男人外表强硬，但思维简单，属于线性思维，情感反应迟钝，面子观念重，喜欢在外人面前摆谱；女人外表柔弱，但思维呈网状，富有想象力，却敏感疑心重，有时梦境现实分不清，爱恨就在一瞬间。如果延展开来，男女之间可以从以下几个方面给予区别。

第一，在心思的运用上。 男人无法一心多用，所以当男人正在做事的时候，女人不要自顾自地说着你认为重要的事情或彼此间的感情问题，这样做他既不能专心回答问题，也会让女人沮丧。事实上，他并不是不感兴趣，而是必须全心投入在一件事上。在面对压力、心情烦躁的时候，男人会集中注意力去解决一个问题，其他一切都像空气一样，是不存在的。他需要独处，需要不被干扰地解决问题。如果问题得到解决，他的压力就会缓解，也会重新回到与恋人的关系当中。他认为，在他有能力照顾恋人之前，必须首先照顾好自己。

　　第二，细节处理的能力。女人天生就对细节比较敏锐，男人却专注于大方向和重点，这是老祖宗留下的遗传基因。当女人开始事无巨细地分享一些内容时，男人只会抓住其中的重点，直接破题、切入重点才是男人最喜欢的讲话模式。一旦内容冗长而缺乏兴趣，超过他能集中的专注力，剩下的就是倍感痛苦地充耳不闻，并且一心只想逃离的碎念。而女人的细腻和细心运用在思考问题上就是想法比较周全；反观男人，做很多事情都比较随性，不会顾虑太多，会"跟着感觉走"。而女人总是希望自己的男人体贴细心，这其实是徒劳的。在认知上，男人以为只有事业成功、买大房子、送恋人豪华汽车这类大事才能获得女人的芳心，女人却认为送我一枝花、帮我提购物袋、帮我开门、打个电话说声"我想你"这类小事才能体现恋人的体贴与关爱。

　　第三，对待问题的态度。经常会有女生这样吐槽：有时只想告诉爱人自己在工作上遇到了哪些衰事而吐吐苦水，没想到他就告诉你应该要这么做、不应该要那样做，却没有认真听你把话说完。其实女人面对压力、心情烦闷时是需要找个人来谈论问题细节的，她只有把自己的压力、问题、烦恼统统说出来才能缓解压力。重要的是，她在说的时候必须有一个人在认真地、全神贯注地倾听，否则她不能感觉到被理解、被支持、被爱。男人天生就是问题的解决者，他们看到你不开心，只会想办法马上解决它让你快乐。所以女人心想：我不过是想要个安慰罢了！男人心想：我也不过就是想帮你解决问题而已，就这么简单！

第四，对抱怨的理解。 女人抱怨是为了与人分享自己的心情，为了获得他人的安慰和支持；而男人通常把抱怨解读为责备。女人说："你从来不陪我！"她的意思是说，"你能多花点时间陪我吗？"男人会解读为："你忽视我，令我不快乐，你没有能力做个好恋人！"女人期待自己的抱怨能够换回多一点安慰和支持，男人却以为女人在责备自己，所以就会下意识地来保护自己。"我这两天一直在陪你！"他针对的是女人所说的事实"从来不"，但女人根本没有在意自己的夸张用词，她表达的只是一种感觉。这也揭示了男人是站在事实上说话，而女人却是站在感觉上说话。

此外，专属男人的还有沉默以及思考。在女人的世界里，只有自己受到伤害或者不信任对方时，才会沉默。所以男人一沉默，女人就感到恐惧，认为是自己做错了什么，或者对方要离开自己了。男人沉默有时并不是疏远，而是需要时间独处或者还没想好答案。而女人的哲学是"决不能遗弃难过的人"，所以当男人沉默时，女人就会不自觉地想要提供帮助和安慰；但男人不需要，因为他觉得这样做只能说明自己是个弱者，而信任才会让男人感觉自己有能力。女人喜欢被人担心，认为担心意味着爱；但男人觉得不让人担心才意味着爱，他们以不让别人为自己担心而感到骄傲和自豪。

如果问女人一个问题，她们可以当下就把自己的感受说出来，清楚表达自己的想法和感觉。但男人不同，他们通常需要消化一段时间才能完整说出想法，这是因为男人和女人有着完全不同的回答组织方式。还有一个问题可能会引发困惑，那就是男人只是在思考并不是不开心。他们平时或许只是在想事情、发呆，但女人总爱问：怎么了？不开心？这时候男人会觉得很无奈，因为只是思考而已！

◀ 消除矛盾的方法

其实如何去消除不必要的隔阂，前面已经说得比较清楚了，这里再划划重点。

告诉他你想和他讨论一些事情，并耐心地等他先完成手边的事情；这样他才能全神贯注地和你说话、回答你的问题。谈话开始还要说重点！他只能维持短暂的注意力，无法把精力放在太多细节上。

在每次诉苦、抱怨之前，先提醒他"现在先听我说就好"，并让他明确知道"现在我想听你的建议"，你会发现男人会是很好的倾听者。

给男人一点时间！记住三十秒法则，每当询问男人的意见后，等待三十秒让他们慢慢消化、组织，别催促他也别给他任何建议，他开始回答时也不要插嘴，这样才能得到他真正的想法。

男人的脑袋是依赖逻辑思考的，越是明确具体的需求，越能做到。与其说出你的"感觉"，不如清楚表达你希望他做到哪些"具体的事情"。

男人沉默的时候，女人更要让自己开心。如果女人能够照顾好自己，男人就能更安心、更快地去解决他自己的问题，然后回到女人身边；他会因此而感激女人的信任和理解，感谢女人为他减少了一个需要解决的问题。

◀ 不要指望谁会读心术

女人总是喜欢用一些小技巧去吊吊自己男友的胃口，内心会先设想好男人的回答，但通常男人的回答总是会让自己失望。其实，男人并没有那么聪明，更没有特异功能，他们没有办法猜到女人的心思；如果女人不提出要求，他只能不断猜测女人不开心的原因，最后猜错了，双方都变得沮丧。最近看了几篇关于中国男生与外国女友交往的文章，其中有一点令人印象深刻，就是不同文化背景下的外国女生更愿意直接表达自己的想法，这让男生很舒服。男生喜欢直话直说，并且希望能花点时间和他沟通你的想法。男人与女人本来差异就大，两个人交往如果在沟通上还存在问题，就算再爱对方，也不一定能够走到最后。通过沟通，让男人知道你的想法，不要让他花时间和精力去猜测你的心思。**爱情不是游戏，更不是场拔河比赛，诚实告诉他你的想法才是最重要的。**

走出没有话讲

在我们身边会看到、听到很多这样的案例，不少已婚的夫妇之间已经没什么话说了。我同学说下班回家后，他霸占电脑玩游戏，他老婆用 iPad 看美剧，两人一晚上一句话也没有，他也不觉得尴尬，反而觉得平静、各得其所。问题是这个"各得其所"是一方的满意还是双方都满意？还有一种情况是貌似有说不完的话，其实都是和孩子、家庭事务有关，和两个人的感情、关系无关。这种情况正常吗？是不是要寻求改变呢？

◖ 没话说正常吗

没话讲这种情况其实不仅在夫妇之间，即使在恋人之间也是非常常见的，可能发生在关系稳定期，也可能在热恋的时候话也不多。有的是当面没话、离开又想，这其实说明彼此之间还是有感情的，也具备了亲密关系存续的基础。关键要解决的是在一起不想说话的问题，既然两个人能够走到一起，就说明至少彼此曾经是有话说的，不然怎么叫"谈"恋爱呢？那今时今日没有话说就需要从双方身上找原因了。

◖ 不想说，没的说

在正常情况下，恋人也罢、夫妻也罢，都是彼此各干各的，真正一起共事或在一个领域的还是少数。一方面，在谈恋爱的时候，大家都会自觉不自觉地把这些差异暂时放下，恨不得到处找共同之处，要的是"求同存异"，否则就走不到一起了。如今在一起了，关系稳定了，在这方面的努力反而不够了，自然就恢复了原来各做各的样子。看看自己的长辈以及其他亲戚朋友，都是如此。另一方面，在一起时间长了，该交流的已经交流得差不多了，情感也比较稳定了，交流的愿望就低了很多，毕竟都"左手摸右手"了嘛。

还有的情况就是不想说话了。所谓"懒得说话"，这种懒其实更多是心理倦怠的反映。两个人度过了陌生期、激情期之后，关系趋于平淡，想分享、交流的欲望比较弱了，所以就不想说了。

还有的情况可能是无话可说，因为彼此之间缺乏新鲜的话题，日子过得单调、乏味，一成不变，确实就没什么可说的了。所以有的人心思就转向了亲密关系之外，去寻找陌生感带来的新鲜感了。

◀ 什么样的没话说才可怕

一般而言，可能有几种情况要引起重视：

一是他本来就不善于交流，可能不仅是体现在亲密关系之中，对其他人也是如此。更可怕的是这种不善交流会导致有了问题常常第一选择是逃避、是自我封闭，这就不仅是沟通的问题了，而是做人的一贯态度。但长此以往压抑下去，如果哪一天受到外界的强烈刺激，可能就会以某种极端行为宣泄出来。

二是他给过你机会或者暗示过，可能你疏忽或意识不到出现的交流窗口，一旦时机错过了，对方就不想说了，越不想说越觉得不值得说。

三是他觉得和你说了也是白说，大家在一些重大问题上始终无法达成一致，或者存在重大分歧，说了除了争吵于事无补，所以不说成为一种选择。

四是不说是为说难听的话盖上一个盖子，不想因此伤了关系和感情，但是这种自我约束的方式换不来关系的和谐，反而会让彼此愈发隔膜。

其实不是没有话，而是有话无法说！当一方想表达时只能欲言又止，而另一方却是不必说或是听不懂的态度，久而久之彼此的交流越来越少，感情也必然会越来越淡，人会越来越压抑或开始寻找其他出口！但有一点是我们要不断强调的，夫妻之间的问题都不是存在于一方的，要解决就要双方都解决。

◖ 这样做就会有话说

一般的恋人都要从恋爱状态步入婚姻状态，未来携手要走过很长一段时间，破解无话可讲是必须要高度重视的。主要的方法有以下两点：

第一，努力建立沟通的习惯，最好有共同的爱好、工作，这样可以在交流中既了解各自的状况，也能够一定程度上解决彼此面临的问题。如果确实这方面没有交集，也要养成交流的习惯，而不是对对方的情况放任不管、一无所知。要把沟通这件事当作是生活中最重要的评价亲密关系是否和谐的指标。

具体而言，首先，要尽量地认可对方的想法。人总是希望被认可和接纳的，如果对方认可和接纳我们，我们就觉得收获了对方的信任和喜爱，那么我们也会投桃报李给予他人善意。如果我们试着去认可和接纳对方的话，对方也会对我们敞开心扉，认为我们理解他们，这样有助于亲密关系的培养。反之，批判和否定只会导致对方远离自己，所以应该尽量避免自以为是、以自我为中心，而很少考虑对方的感受。但也别来那种"好好好""行行行"的口是心非，那样更伤人！

其次，学会求同。人不仅喜欢和自己想法一致的人，而且还喜欢和自己行为模式、生活方式等相近的人，这个时候就需要我们学会去尽量迎合一下对方，比如对方喜欢吃辣，那么我们也不妨尝试着去接受吃辣；对方喜欢锻炼，我们也可以多多参与其中；对方穿衣风格比较时尚，我们也大可不必死守着自己的风格不放。这样的话，对方才会觉得你和他有很多共同点，这些相似性是真实的、有基础的。

此外，双方都要有交流的意识，告诉自己，关系若要长久下去，必须主动经营，关系的维护要从自己的努力入手，而不能指望、依赖对方，否则长期无话的结果一般就是最终导致分手，其实是非常可惜的。即使出现了一方不够积极回应的情况，也不妨"舔着脸"坚持下去，学会没话找话。老人家不是说过嘛，"往往有这种情形，有利的情况和主动的恢复产生于再坚持一下的努力之中"。为了自己的亲密关系，再坚持一下还是值得的。

第二，不断注入新的因素和内容。大多数人的感情是禁不起时间消磨的，人都是喜新厌旧的，不加入新的内容必然是"相看两讨厌"。要想不相厌，就要一起开发新的关注领域，最简单的方法就是去旅行，在新的环境里一起面对新的情况，从而打破原有生活的枯燥，既开阔眼界，又增加生活乐趣。要不断补充新的内容到两人的关系里面来，比如一起新做的事情、彼此思考的新内容等，这样需要交流的东西就多了，而不至于因老生常谈而失去了交流的兴趣。

每个人都是一个独立的个体，有各自的工作需要忙碌，也有自己的兴趣爱好需要投入，不能因为对方没有时间陪伴，就跟对方吵架拌嘴，两个人相爱应该是彼此成就、彼此滋养对方，而不是互相折磨。我们也认可，在亲密关系中，两个人不可能总在一起，但无论双方在哪儿，只要互相牵挂、互相惦记，就是最好的关系。

哪有什么天生一对，哪来什么天生默契，只不过是每天两人多聊一些、相互多了解一些，不错过彼此的成长、也不错过彼此的改变。如果彼此牵挂、互相惦记，那就说出来吧！别总是"默默地关爱"。

当然，如果你们是"心有灵犀一点通"那种情况也不错，但愿这种"岁月静好"能得到彼此的认可，而不是一厢情愿。

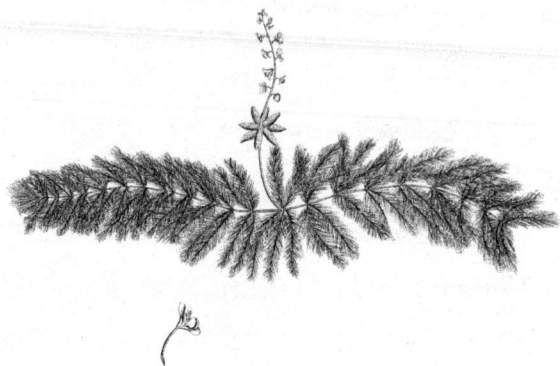

Part 5

亲密关系维护

日常相处

日常能相处好不容易，亲密关系恰恰离不开时时的维护。

男主外，女主内

我们平常会经常听到类似"男主外，女主内"的说法，说明这种婚恋观还是很有市场的。但是不管你对此的态度是肯定还是否定，首先应该对这种说法追根溯源。

在原始社会，人们靠采集为生，由于女性通常比较细心，所以处于主导地位，这一时期主要在母系社会。后来石器的出现让食物的获得方式从采集变成狩猎，男性的体力优势得以发挥，开始承担起重要的社会角色，这时候转入父系社会，因此形成了男尊女卑的观念。到了奴隶社会，部落与部落之间、国家与国家之间，为了谋取更大的利益更是征伐不断，显然这种事也更多地被赋予在了男人身上，整个社会认知由此向男性倾斜，同时还要求女性依附于男性。

《周易》第三十七卦是家人卦，卦曰："家人，利女贞"，解释卦义的象辞说："女正位乎内，男正位乎外。"按照《周易正义》的说法："家人之义，各自修一家之道，不能知家外他人之事也。统而论之，非元亨利君子之贞，故利女贞，其正在家内而已。"本来，幼小的子女需要由母亲来照顾，谋生的任务自然而然地就落在了父亲身上，作为男性也就因此掌握了经济权力。这就是"男主外，女主内"原始的含义，原本只是一种正常的角色分工，只是出于两性天然的特点。可是，在性别歧视的影响下，这种说法反而转变成为一种限制女性自由参与社会活动的理论依据，将女性的活动空间限定在了闺阁庭院之内，所谓"大门不出，二门不迈"，使得女性成为纯粹的"内人""内子"。

的确，即使在现代很多发达国家也奉行"男主外，女主内"的模式，比如日本、德国便是如此，即使在美国，女性就业率也在 50% 以下。但是支持这种模式的背后是他们有一个很现实的保障机制，即采用单人薪水养活全家的思路。男性的平均薪水水平比较高，差不多等于人均收入相仿的双薪制国家的两倍。正因为国家认为男性薪水偏高足够养家，所以也做了一些限制，如果一个家庭内的丈夫从事高薪工作的话，妻子出外工作所得薪水超过一定份额会缴纳很高的所得税。当然，日本的办公室女性升迁机会本来就不多，公司也鼓励女性结婚。无论从时代背景还是国情，都要重新认识"男主外，女主内"的内涵。

◀ "男主外，女主内"可能成了老黄历

现在如果没有原则地一味强调"男主外，女主内"是天经地义的，要么就是无知，要么就有断章取义之嫌。网上有个帖子，说古代的女子凡事不干，有人伺候，前呼后拥，这样的传统文化应该恢复。可能是戏谑之说，其实一看就知道是偷换概念啊！那个是古代有钱人家女子的待遇，如果是穷人家的女子只会累死累活的，估计就不想恢复这样的传统文化了。这与"男主外，女主内"的道理是一样的，如果顺着这个说法，那么老婆是不需要出去挣钱的，所有的家庭开销都由老公一个人获得，只要出了门，一切都是男人

去处理，这才叫主外。但是这样的家庭其实并不多，既然两个人都要外出打拼，而且家庭中还有很多对外事务，这个时候选择自己愿意承担的部分说这叫"男主外"，那就有点儿亏心了吧？而且不管谁主内还是主外，毕竟还是个"主"嘛，既有主持的意思，也有侧重的意思，不可能泾渭分明，何况现在有很多女性都非常出色，也可以"女主外"。男人更不可能除了往家拿钱，所有的事情都不管，这是没有道理的，那还要这个男主人有什么用？更有甚者，不拿钱还理直气壮，这就得考虑他在家里的资格了！

现在这种情况既普遍又严重，主要体现在两个方面：

一是不参与家务，回来之后就是歇着，过去是喝茶看报纸，现在是低头打游戏，恨不得油瓶子倒了都不扶；除了自己的事情，家里的大事小情一概不参与。二是有了孩子也不参与教育，一切都交给妈妈或者家里的长辈，偶尔参与一下也是添乱的角色。有个说法叫"丧偶式教育"，或者叫作"诈尸式教育"，意思就是身为父亲的长期缺位，就是偶尔参与也是讨一下孩子开心，把他人的辛苦成果破坏完就走。当然更极端的就是，父亲成为了一个符号，长期在外应酬，几乎看不到他的影子。

◀ 男人要更多地参与家庭生活

不过相较于国外，比如日本、韩国，中国的丈夫们还是属于比较抢手的角色，在很多涉外婚姻中，越来越多的外国女性愿意嫁给中国男人就是一个很好的例证。但是从女性的角度说，作为家庭中重要的一分子，男人需要做的事情其实还有很多很多。

首先，要破除一个观念，女人就是让你在家待着，最好哪儿也别去，回家干活、回家吃饭，别没事儿就出去应酬，只有这样才是好男人。其实只是说对了一半，对于女性而言，其实你在家还真不是想干什么就干什么，而是要知道在家的意义是陪伴！就是要和她"真正"地在一起！注意，不是回家待着，看电脑、打游戏，而是要和妻子交流，一起做一些家务，哪怕不多，哪怕不那么重要，关键是你既不能缺席家人一生中重要的时刻，也不能忽视日常平凡的相处时光。对于孩子而言也是如此，不是没钱了才想起爸爸了、辅导功课才想起爸爸了，而是要经常看到你、和他一起玩，这才是陪伴。所以，重要的事情就是，你在！

其次，多陪陪你的另一半。比如陪妻子逛逛街、看看电影、一起锻炼锻炼，去超市买买东西，虽然琐碎，但重要的是共同参与，这才是有家和无家的不同、已婚和未婚的区别。现在很多的夫妻除了日常最基本的交流以及关于孩子的一切，彼此之间几乎就没有什么可说的了。要知道婚姻不是有人给你生孩子，有人给你操持家务，有个固定的床回来睡觉。婚姻是两个打算终老一生的人因为爱走到了一起，这个初心是不能忘的，不能一说主外，就变成"驻外"了，把爱人、家庭抛在脑后，自己在外面"潇洒走一回"，这不是一个成熟、负责任的男人该做的事情。丈夫要留出更多和妻子独处的机会。

第三，多参与对孩子的培养。我曾经参加过很多关于亲子教育的培训，出席的几乎清一色是母亲们，除了专职在家的，也仍然有奋战在一线的妈妈们。愿意专门系统地学习对孩子有益的教育理念和教育方法是很多父亲所抵制的，理由就是没时间。其实就是觉得这就是妈妈的事情，有的父亲更是觉得不屑，不愿意费心思去关注孩子的成长。所以看到网络上拿着拖鞋、痛心疾首地辅导孩子功课的已经是好父亲了，至少他没有让这个重担完全交给妈妈一个人扛。当然也要看到，很多父亲做得非常出色，和妈妈们一样，也能够很好地平衡自己的工作、家庭，给予家人、爱人更多的陪伴和爱护，希望这样的父亲越来越多。

当今社会，无论是男人还是女人，压力都非常大，需要付出的也非常多。但是家庭才是最重要的港湾，才是自己要好好经营的大本营。家是两个人的，要共同携手负起这份责任，为自己、为家人打造美满的生活！所以，可以是"男主外，女主内"，也可以是"男主内，女主外"，重要的是各有把守、彼此扶持！

他/她的话可能是对的

在讲亲密关系之前，先说个典故，叫"从善如流"。这个典故是这样来的：春秋时期，诸侯林立。郑国是个小国，夹在楚、晋两个大国之间；后来，郑国同北方以晋国为首的其他各国签订了盟约。第二年，南方的楚国就来攻打郑国。晋国便派栾书为元帅，前去援助郑国，楚军不敢和晋军为敌，便撤退而回。但晋军并没有撤走，还准备趁机侵入楚国的蔡地。楚国一听就立刻调动近申、息二地的精锐部队，准备迎击。即使如此，晋军的将领赵同、赵括仗着兵力优势，还想占领蔡地，因此催请栾书赶快下令进攻。就在他准备同意的时候，中军佐知庄子、上军佐范文子和中军将韩献子三人却提出了不同意见。他们一致认为："我们当初出兵是为了援救郑国，本来是正义之举，这样一来就要承担不义的罪名。而且，楚国现在派来精锐之师，我们这一仗也不一定能打胜。就算打赢了，别人也会说晋国的大军对付的只是楚国的地方部队，胜之不武；如果失败了，晋国还会名誉扫地。"栾书仔细考虑了他们三人的意见，觉得很有道理，便决定停止攻蔡，撤军回晋。史书称栾书"从善如流"。

那么，从家庭的角度来说，要不要"从善如流"呢？

◀ 家庭有没有是非对错

所谓"从善如流"，首先要明确的就是何为善。善就是对错之对，那么家庭中有没有是非对错呢？如果没有，善又从何来呢？知乎上有人问：幸福的家庭是什么样的？最高点赞的回答是：幸福的家庭都不争对错。似乎给了一个结论，就是只有不争对错才是幸福的。在夫妻相处当中，是非对错难道真的不重要吗？是不是有些绝对了？有个结婚三年的男士说，每次和妻子吵架，妻子都不允许他有任何讲道理或者辩解的话语，她的理论就是"夫妻之间不是讲道理的，而是讲感情的"。他想问大家，吵架的时候，把道理说清楚不好吗？**夫妻之间不需要讲道理吗？**

平时大家挂在嘴边的都是"夫妻之间对错有啥好讲的，糊里糊涂过呗！"其实仔细想想，还是需要讲道理的，但不是斤斤计较的小是小非，强调的是大是大非，是关乎常识、原则、底线的内容，比如知识的正误、涉及犯罪、破坏家庭和谐等。虽然并不是很常见，但不能说不存在。比如杨绛先生在其作品《我们仨》里说过这样的小事："我和钟书在出国的轮船上曾吵过一架，原因只为一个法文的读音。我说他的口音带乡音，他不服，说了很多伤感情的话。我也尽力伤他。然后我请同船一位能说英语的法国人公断。她说我对、他错。我虽然赢了，却觉得无趣，很不开心。"这其实是个学术问题，是有正确错误之分的，不追究是不对的，但是从字里行间中感觉到杨绛先生反思的是，双方的不开心不在于讨论一个法文的读音，而是说了很多借题发挥、伤感情的话。

小小不言的事情大可不必争出个是非曲直，但也不必像心灵鸡汤里讲的一强调是非就是破坏感情。关键是要就事论事，讲究方式方法，是与人为善的，而不是要证明自己比对方强或逞一时之快，也就是说，在探讨这些事情的时候始终不要破坏你和爱人之间爱的连接，这很重要。动画情景剧《辛普森一家》里有一句话说得好："亲爱的，如果你太好胜，永远都不会快乐的。"

如何表达你的善

第二次世界大战期间，兵荒马乱，逃难的人经常吃不上饭。一位德国老太太发现栅栏外有位穿着讲究、手提皮箱的男人走来走去。老太太知道，男子是饿了，又不好意思进来讨吃的。这里方圆几十里，人烟稀少，能找到吃饭的地方实属不易。老太太主动走过去对男子说："先生，您是否愿意帮我把栅栏里的这堆木头扛到那边角落里去？我老了，扛不动了。"男人连声答应："好，好！"于是他把木头从这头搬到另一头，并码放整齐。好心的老太太乘机邀请男子吃晚饭，男子愉悦地答应，开心吃完晚饭继续上路。其实老太太的那堆木头已经无数次被人从院子的这头搬到那头，而每搬一次，老太太就会邀请一位客人共进晚餐。别人之所以接受老太太的善意，在于她将善意的给予表现得恰到好处。

为什么"我都是为了你好"换来的常常是对抗，或是深深的恨意？难道想传达对的东西都会受到抵制吗？其实这与我们如何表达、如何处理有很大的关系。我们在表达善意的时候，很多都是从自我出发，认为是对对方有益的事情，就不太注意方式和方法，缺乏对他人的理解和尊重。所以当他人感受不好时，怎么可能理性思考事情本身的对与错呢？

《论语》中有这样一段对话：子路曰："人善我，我亦善之；人不善我，我不善之。"子贡曰："人善我，我亦善之；人不善我，我则引之进退而已耳。"颜回曰："人善我，我亦善之；人不善我，我亦善之。"三子所持各异，问于夫子。夫子曰："由之所持，蛮貊之言也；赐之所言，朋友之言也；回之所言，亲属之言也。"

这段话的意思是：子路、子贡、颜回在一起谈论待人之道。子路说："别人以善意待我，我也用善意待他；别人不善待我，我也不善待他。"孔子评价道："这是没有道德礼义的夷狄之间的做法。"子贡说："别人用善意待我，我也用善意待他；别人不善待我，我就引导他向善。"孔子评价道："这是朋友之间应该有的做法。"颜回说："别人以善意待我，我也用善意待他；别人不善待我，我也以善意待他。"孔子评价道："这是亲属之间应该有的做法。"可见亲人之间的处理最为复杂。

表达善意要多替他人着想，站在他人的立场上思考问题，别人才可能站在我们的立场来合理地回应。

要有共同语言

很多亲密关系中总是伴随着许多争吵，即使没有争吵很多情侣也走不到尽头，归结原因时要么是所谓的性格不合，要么就是没有共同语言。的确，情侣之间要有共同语言是非常重要的，它既是一段感情开始的基础，也是维系一段关系进展的内生动力。有了共同语言才能构建良好的沟通；只有沟通好了，亲密关系才能一直存在下去。

很多人都在讲共同语言如何如何，其实对于什么是"共同语言"并不清楚。简单说，共同语言首先是要有话说，然后还要谈得来，不至于一张嘴就吵架，而最重要的则是背后的价值观、生活理念能够保持一致。

共同语言如此重要，但是没有共同语言就要分手吗？其实不管什么原因，肯定是不主张随便分手或离婚。原因很简单，成本太高了。夫妻在组成家庭的这段时间里，共同积累的不仅是财富，还有共同的人脉以及无法追回的岁月。如果陷入旷日持久的离婚拉锯战，更是耗时耗财、得不偿失，而且即使离婚也有可能由于孩子的原因而藕断丝连，继续争吵而不得安宁。

如果没有共同语言，凑合一起过可以吗？当然不可以！人的一生非常短暂，每一分钟都是属于自己的，没有任何理由浪费。凑合是什么？只要不离婚，怎么都可以？照样吵架，寸土必争，彼此伤害，打冷战，把对方耗到人老珠黄、油干灯灭，最后临终前说，这辈子我终于耗死了你，多么可悲啊！所以不要把共同语言当作可有可无的东西，也不要认为共同语言的营造可以一劳永逸，它需要你一生都为之努力。

◀ 为什么没有共同语言

夫妻之间为什么就没有共同语言了呢？是根本没有，还是慢慢消失了？背后的原因又是什么？简单来说主要是两种情况。

第一种：根本没有共同语言，因为本质上就不是一类人。可能在结婚之前，彼此了解得并不深入，也许是一时冲动，也许是为了结婚而结婚，所以并没有觉得有什么不同，或者觉得这种不同根本不算事。但结婚以后才发现两个人是天差地别。他们对待事情的看法不同，所以导致两个人的意见总是不一样，说到底就是三观不同。

如果夫妻之间的三观不同，就会发现沟通有了障碍，典型的风马牛不相及。久而久之，再好的感情也会变淡，而且三观不同所导致的思想差异比性格差异还可怕。刚开始可能还愿意跟对方交流这种差异，但是时间长了，就会放弃这种做法，因为不仅是话不投机半句多、说了还不如不说，而且还会加速彼此之间的感情破裂。所以没有了共同语言，彼此之间必然会容易出现分歧，争吵不断也是自然而然的事。既活得很累，而且也很无趣，简直就是在浪费生命！

第二种：有共同语言，但是不愿意更新了。本来两个人基础不错，但在一起时间久了，彼此之间已经没有了新鲜感，更不要说激情了。虽然这种情况很正常，但是如果不采取有效的干预，不肯更新的共同语言就只剩下陈词滥调，会愈发使得生活变得更加枯燥乏味，从此便陷入恶性循环。久而久之，两个人也就没有共同语言了。

◖ 没有共同语言实在太糟了

如果没有共同语言了会导致什么后果呢？首先就是会频繁吵架。没有共同语言意味着对待事情的看法总是不能保持一致，就会很容易吵架。而且越对立越容易导致更坚持自己的看法、不愿意妥协，慢慢的矛盾会越来越多，从事情上的计较转而对个人的成见，甚至到最后无缘无故的争吵都会越来越多。吵架的次数多了难免不擦枪走火，最终要么转入冷战，要么一气之下选择离婚。

而吵架的前奏基本就是相互抱怨。抱怨应该是亲密关系中最大的敌人，抱怨会让彼此觉得这段感情没有意思、没有意义，不仅会升级为彼此更加频繁的吵架，也会让夫妻两人放大对方的缺点，这样的夫妻生活就不再有幸福可言。家庭不再是避风港，而成了是非窝，抱怨只会让两个人越走越远！

抱怨、吵架的最终结果势必是彼此的厌倦。两个人在一起没有共同话题，没有可以交流的内容，待在一起就会觉得会越来越别扭，那可就不是过日子，而成坐牢了。时间长了，两个人就会开始厌倦对方，最后可能就会想要放弃对方。到了这个地步，如果不寻求积极的改变，就会被外界的情感所诱惑，导致出轨或者直接促成家庭的破裂。这是一件非常悲哀的事情。

◖ 共同语言不是天生的

不管是恋人之间，还是夫妻之间，最重要的就是要有共同语言。亲密关系最害怕无话可说，没有交流的感情就像是一滩死水，再也提不起任何兴趣，渐渐地，对对方的事情知道的越来越少，即便没有分开也称不上是恋人或夫妻了。没有共同追求和爱好的人在一起是最累的，更何况是夫妻，那就更累了。

现在很多情侣的分手都会把没有共同语言作为理由，而且一追根溯源必是对方的不是。你可以和兄弟们有说不完的话，和红颜知己有聊不完的天，但是这又有多少价值呢？没有共同语言从来都不是一个人的错。

共同语言就像财富一样，只有不断创造才会用之不竭，所以不管婚姻初始的感情基础是不毛之地，还是已经积累丰厚的肥沃土壤，婚后不再投入、不再耕耘，还指望像聚宝盆一样自我繁衍，那简直是天方夜谭。所以如果没有这个认识，即便更换一种亲密关系，依然逃不出没有共同语言的魔咒。

夫妻之间共同生活，"抬头不见低头见"，多少大事小情关系家庭前途，都要谋划决策，怎么会没有共同语言？怎么不是共同语言？所以没有共同语言的说法是认知的问题，而不是共同语言不存在。

◀ 努力创造共同语言

如果想在今后的日子里拥有和谐、快乐的生活，就要从今天开始尝试改变婚姻的现状。

首先，要放下没有共同语言的偏见，努力寻找共同语言。第一步就是要交流，硬着头皮也要交流，很多人到这一步交流的方式恐怕就剩下吵架了。所以要心平气和地和对方交流，学会就事论事，学会客观看待对方。从何开始呢？很简单，就是告诉对方你今天做了什么，有个事情你是怎么想的，你现在的感受是什么；也可以试着问问对方做了什么，想了什么，尝试把家里要做的事情商量着办，改变过去要么不说，要么就自己决定了，不征求对方的意见做法。慢慢这个交流正常了、顺畅了，共同的东西就会浮出来，变得越来越多。

其次，要经常沟通交流。婚姻中最少不了的就是沟通交流，只有多交流，彼此之间才不会有那么多的矛盾和隔阂。毕竟婚姻是在一起过日子，夫妻之间肯定也会有时发生争吵或者是误会，这时最需要的就是坐下来相互交流沟通，只有这样才有可能一直走下去，也会减少争吵和矛盾。沟通交流的重要性不言而喻，千万不要认为这些事没有必要，不然一定会吃亏。

最后，要寻找共同的兴趣爱好。想要找到共同语言可以去构建一个共同的爱好，其实只要想肯定会有的，只不过需要挖掘，甚至需要一定的妥协。这个共同的爱好就会让彼此之间有更多的话题，就会彼此创造更多交流的机会。如果没有的话，就要去试着应和一下对方感兴趣的东西，比如和爱人追个综艺、网剧什么的，不一定多迷恋，至少能接得住对方的内容，这样也可以产生愉快的交流。

只要两个人有了共同喜欢的内容或事物，彼此之间自然就会生出很多话题，毕竟没有共同语言的夫妻都是不能够走到最后的，如果真爱对方，哪怕是给自己的生活以更高的质量与水准，也要在与对方建立共同语言方面多多努力！

婚姻也有保质期

经研究者调查，爱情的保质期为 18 ～ 30 个月。同时，婚姻和其他所有事物一样，始终处于变动之中，即使拿到了一纸婚约也不意味着就进了保险箱。如果不加入新的内容进去，婚姻很难保持长久。推荐以下几个思路。

◖ 培养共同的追求

婚姻的基础应该是爱情，爱情的基础则应该是两性的吸引，但它们的保鲜期却最短。除了爱情和两性之外，夫妻之间一定要有共同的追求，可以是事业、可以是爱好。这便是恋情和婚姻的区别，它需要更多社会化因素的填充，所以现在仍然强调"门当户对"也是为了更好地形成共同的追求。

在中国古代，最著名、最理想化的一对非赵明诚、李清照夫妇莫属，后人羡慕他们精神上平等、生活中雅致而有情趣，称他们为"伴侣型婚姻"。

大家对李清照比较熟悉，其实她的丈夫赵明诚也不差，二人都是书香门第出身。李清照确实是个才女，和"女子无才便是德"的培养思路不同，她从小才思敏捷、博闻强识，又接受了良好的家庭文学氛围的熏陶。这种教育不仅仅停留在书卷册页之间，还有书法字帖的品读，文玩鼎彝的把玩，或者还有与师长的清谈雅叙，这些内容都极尽文化对个人熏陶之能事，所以如果不配个赵明诚这样的才子做相公，大概日子也是没法过。

正史中对这对夫妻的记载比较少，他们的生活都集中展现在李清照所写的《〈金石录〉后序》中："余性偶强记，每饭罢，坐归来堂，烹茶，指堆积书史，言某事在某书某卷第几叶第几行，以中否角胜负，为饮茶先后。中即举杯大笑，至茶倾覆怀中，反不得饮而起……"什么意思呢？就是两人在把玩金石碑帖之外，还共同读书、校勘古书，并展示了一种与读书有关的高雅游戏：两人吃罢饭，烹好茶，相互提问所读书中的内容，考校彼此的记忆力，记对了的饮茶，如此反复，玩到高兴处竟然把茶倒在衣襟之上。

◗ 给生活加点新鲜料

所谓"流水不腐"，说的就是因为活水不断注入了新的水源，所以才会保持新鲜。婚姻也是如此，只有不断引入新的内容、新的元素才不会那么早的厌倦。

我和夫人属于丁克（DINK，即 Double Income，No Kids），所以更需要保持婚姻的凝聚力，而重要的方式就是不断地给平常的生活注入活力。最近我们正热忠玩乐高和跑步。过去觉得乐高是孩子玩儿的，很幼稚，但是接触之后发现非常有意思。两个人花点儿时间一起琢磨，一个拼，一个打下手，拼出来之后还是挺有成就感，而且越玩越有趣，所以现在出去逛街还要专门在玩具店里拐个弯，看看有什么新款出来，其乐融融。跑步先由我开始，然后夫人也跟着跑起来，虽然她断断续续的，但是也有参加比赛的经历，用了不错的时间完成了半程马拉松比赛。这下两个人又多了一个共同语言，平时天气不错的时候，跑一跑，出点儿汗，身心都舒服。

说到这里有个事情是绕不过去的，你增加生活乐趣，是不是要花钱啊？当然了，还不少呢。我在头条问答里就回答了这样一个问题："老公嫌弃我不懂情调，不会生活！我勤俭有错吗？"其实她把两个问题人为地对立起来了：懂情调、会生活不意味着过的就是奢华、浪费的生活；勤俭节约和生活单调、无趣也不一样。两口子过日子，懂情调、会生活是值得倡导的，尤其是夫妻生活时间长了，能添加些有情调的因素无疑会给平静、单调的生活带来新鲜感和乐趣。

相反，一味地强调勤俭节约，事事都从省钱着眼，不舍得为一切浪漫、情趣投资，最后搞得彼此无趣，轻则无话，重则一方就会到别处找与自己有共同语言的人，这种节约是不是就有些得不偿失了？如果以浪漫之名浪费要批评，但以生活不易拒绝情调也不鼓励，毕竟两人在一起相守才是最重要的，钱没了再赚，人走了岂不是太可惜了？

还有，一定要记住彼此的生日，不仅仅是吃个饭，还要记得送礼物，有创意性的那种，不存在没想法、没时间，只存在是否上心。

◖ 不丢失个人品质

爱美是人的天性，无论男女皆然。特别是婚后的夫妇，本身没什么新鲜感、神秘感了，如果再对自己的形象不管不顾，那日子真的容易过到了头。谈恋爱的时候，恋人们约会前都会梳洗打扮，把自己最好的一面展现给对方，所以每次见面前都会有点小兴奋。但是一结婚，很多人就一切从简了，怎么舒服怎么来。所以一出门看到街上来来往往的情侣，你就能大概知道哪些是在恋爱期，哪些已经步入婚姻期了。

保鲜就先从这个小事做起——注意修饰，特别是女性，成家之后务必时不时地精心打扮自己，尤其是重要场合，更要展示自己的风采，让自己的先生觉得你总有没有被发现的美丽。彻底变个人不现实，但是总给身边的人以惊艳还是应该做得到的。

◖ 多一些情趣

结过婚的人想一想，自己对爱人的小情趣、小浪漫都似乎是恋爱的时候出现的，婚后反而觉得没必要，不好意思了。比如一个很小的细节，我听到很多有孩子的家庭都这样彼此招呼，"爷爷奶奶""姥姥姥爷""爸爸妈妈""哥哥弟弟""姐姐妹妹"，总之核心就是孩子，其他家庭成员的关系都听不到了。这也是了无情趣的表现。

大家可能对"竹林七贤"比较熟悉，其中有一位叫王戎，他的夫人也是蛮有情趣的。王戎身为士大夫，从小聪明颖悟，但也是个好利而吝啬的人。然而，他的妻子却是个难得一见的率直之人，不仅喜欢和丈夫一起算计家财，而且也爱自己这个守财、小气的丈夫。《世说新语》中有这样一段记载：王安丰妇，常卿安丰。安丰曰："妇人卿婿，于礼为不敬，后勿复尔。"妇曰："亲卿爱卿，是以卿卿；我不卿卿，谁当卿卿？"遂恒听之。就是说这位夫人常以"卿"称呼丈夫，这个称呼类似于今天的"亲"。在士大夫家中，这种称呼偶然出现就足以让人脸红，王戎的妻子却时时挂在嘴边。王戎感到有些羞臊、肉麻，便摆出礼教的大道理训斥妻子，说你这么称呼我于礼不合啊！你要改口。不料夫人反倒给他讲了一大段绕口令一样的道理：我是因为爱你才喊你亲爱的，如果我不能喊你亲爱的，那谁喊？因为爱才肉麻兮兮地称呼你，如果有爱，却要装作平常，既悖常情，也违人性。我们知道的描述爱人之间关系的成语"卿卿我我"就是这样来的。

◀ 定期去旅游

我真心觉得旅游是一件太好的事情，对增进夫妻感情、保持新鲜度绝对是一大法宝。顺便说一下，领结婚证前建议也出去玩一趟，效果不比婚前同居差，是骡子是马立马原形毕露。为什么说定期旅游好呢？你想吧，只要不是说走就走的旅行，确定去哪儿就得费些心思吧，要是自由行还得做攻略吧，然后出去玩一圈，回来后不得回忆回忆，再商量一下下次去哪儿？这样半年的时间就出去了。为了出去不得努力挣钱，哪还有彼此烦闷、相看两讨厌的时间啊？

你是你的，我是我的

有个成语，大家应该都比较熟悉，就是"相敬如宾"。这个典故出于《左传·僖公三十三年》中的一段内容。春秋时期，晋国大臣郤芮因罪被杀，儿子郤缺被废为平民，靠务农为生。但郤缺没有因为生活环境和个人际遇的巨大变化而怨天尤人，而是一边勤恳耕作以谋生，一边以古今圣贤为师刻苦修身，德行与日俱增，不仅妻子非常仰慕，就连初次结识的人也无不赞叹。一次郤缺在田间除草，午饭时间妻子将饭送到地头，十分恭敬地跪在丈夫面前，郤缺连忙接住，频致谢意；夫妻俩相互尊重，饭虽粗陋，倒也吃得有滋有味。此情此景，感动了路过此地的晋国大夫胥臣，一番攀谈，认为郤缺是治国之才，极力举荐他，后来郤缺立大功，升为卿大夫。

后来"相敬如宾"一词专用于表现夫妻关系的和谐。到了汉宣帝的年代，又有一个张敞，关于他的才华、著述、政绩人们知之甚少，广为流传的却是"画眉"之事。因为张敞每日清晨都为妻子画眉，被皇帝知道后，认为他这样做有失男人的尊严，要拿他是问。张敞却说，夫妇房中之事，更有甚于画眉耳！皇帝无言以对、于是作罢。张敞夫妇也成了夫妻恩爱的典范。

◀ 别让相敬如宾成了借口

如果看了上面的故事，你只读出了丈夫对妻子的尊敬和彼此的客气，这样未免流于表面了，而且容易因为误读把事态推向反面。比如在电视剧《还珠格格3》中，知画费尽心机地嫁给了永琪，却只能整天被晾在一边。太后老佛爷约见五阿哥谈话，问他跟知画感情如何，永琪恭敬地回答："我们相敬如宾。"果然阅尽人世的太后一下戳穿了这四个字在婚姻中的虚伪，直接怼回去："你还不如说相待如冰！冰冷的冰！"一个常常被看作是美好婚姻的代名词，却成了"温水煮青蛙"的那口锅。彼此看上去"井水不犯河水"，其实就是一个比较高级的"冷战"。

在电视剧《延禧攻略》的前半段中，观众高呼被皇上与富察皇后撒糖，两人看似恩爱有加、人人羡慕，但这段婚姻的结局却让所有人大跌眼镜。虽然富察皇后与皇上看似从来没有矛盾，但皇上也从来没有想要认真地去了解她、走进她的内心世界，皇上爱的只不过是一对在外人看来相敬如宾的帝后人设。而富察皇后在遗书中留下对宫女的关照，却一个字也没有留给皇上，这就是所谓相敬如宾的夫妻。**一句"相敬如宾"，掩盖了多少不愿深入了解的敷衍，反而成了那些无爱婚姻用来掩人耳目的假招牌。**

◀ 相敬如宾的核心在于我是我、你是你

元代的管道升有个著名的《我侬词》："你侬我侬，忒煞情多，情多处，热如火。把一块泥，捻一个你，塑一个我。将咱两个，一齐打破，用水调

和。再捏一个你，再塑一个我。我泥中有你，你泥中有我。与你生同一个衾，死同一个椁。"这是很多人对爱情和婚姻的理解：你中有我，我中有你；你不分我，我不分你。其实相处久了，还应该加上一个"你就是你，我就是我"。

我们误读"相敬如宾"的关键就在于对"敬"和"宾"的误读。亲密关系之间应该是"爱"，为什么要"敬"呢？夫妻之间应该是"卿卿我我"，为什么要"如宾"呢？是不是觉得生分了呢？是不是变得敷衍了呢？其实**爱中有敬才是爱的最高层次**，因为敬体现了内心对对方的认可，这种爱才会长久。有些人只是满足于单纯的两性之爱，有些人仅仅是从自身出发的施予之爱，甚至有些人以爱的名义对他人实施掌控和占有，这已经不再是我们所倡导的爱了。而"宾"则是确信对方是一个独立的个体，应该保持应有的尊重以及不被侵犯。

所谓的"你是你的，我是我的"强调的是从内心中尊重对方的所有，其基础是对彼此、对亲密关系的信任。给对方以隐私、给对方以个人空间，给对方以自我决定重大事项的权利。有人说，亲密关系想要的只不过是你能"快乐着我的快乐，痛苦着我的痛苦"，但有时某些情感是不能分享而是需要独处的，尤其是成年人，很多事情反而和自己最亲密的人说不得，至少要有说和不说这种选择的可能性。既不要表面上的相敬如宾，但也不必无缝衔接到密不透风。同时也不必把"相敬如宾"理解为真诚、激情的对立面，争吵了就是爱你的冲动，与你相敬如宾、相安无事就是流于形式、不肯用心。

◀ 事情不大，但都是绕不过去的经典场景

以下内容是生活中涉及"你是你的，我是我的"原则的经典应用场景。

看对方的手机不？

有人经常问可不可以看对方的手机，甚至常以抓到实锤证明这件事的合理性。在我看来，肯定不能看，不管是恋爱期还是结婚后，这是做人基本的

准则。手机内容涉及个人隐私，扩而广之，日记之类的也不能看。作为父母也不能看孩子的，除了自己，谁也不能看。

并不是说不可以看手机就是给了做见不得人的事以空间，如果对方这样定义的话，就说明彼此的问题是信任基础不牢固了，需要修补，但不能以可以看手机的方式证明自己的清白。当年电影《手机》上映的时候，一位外国友人对讨论手机内容是否可以给他人看表现出强烈的不解，因为这是不必讨论的。

换一个角度说，双方都可以看对方的手机吗？除非是手机主人的主动行为，否则也不可以。不过你可以就某些内容表述给对方作为妥协。

对方有事瞒着你吗？

有人问，最近女友说话、做事似乎在瞒着自己，怎么办？不知道怎么理解这个隐瞒，标准是什么？这个标准又是谁定的？有时的确是隐瞒不报，有时可能是太过疑神疑鬼。比如你的另一半要出去和朋友吃饭，她可以具体说和谁，也可以只说和朋友去吃饭，信息的详略是她自己可以决定的，而不是说没有达到你的要求就是瞒着你。有时即使瞒着，要么是说了对方也无法理解，要么只会火上浇油，要么就是不合时宜。

如果特别想知道，可以通过其他渠道获取。当然也可以直接和对方交流，但要采用尊重的态度、和缓的语气，既要表达自己想知道真相的愿望，也要表达尊重对方隐私的态度，有关心之意，而无勉强之心，进退自如、掌握主动。

"相敬如宾"其实就是要像对待客人一样对待自己的另一半，不仅仅是客客气气的，最重要的是还不能打听别人不想告诉你的事情。每个人都有自己的隐私，就算他瞒着你，大概也有自己的考虑，也许到时会告诉你，当然也许不会，两种心理准备都要有。

家庭财务谁管着？

财务是一个人管，还是各管各的，也是一个常见话题。其实日子怎么过不用问别人，这就好比鞋和脚的关系，你穿着鞋问别人"你觉得我的鞋合脚吗"是一样的意思。

关于财务这件事不同的家庭大致是这样几个模式：

第一，一方统一管。这个模式女性居多，毕竟女性心细，而且按照"男主外，女主内"的传统思路，这么做也对，优势是统一管理，毕竟是一家人；缺点就是死性一点。

第二，像我家一样，有个大致的框架，比如一方的收入进储蓄账户，以后作为大项目使用，一方的工资卡主要负责家庭日常开销，剩下小小不言的进账与出账，特别是花钱自己做主就行了，大不了到月底看看账单，差不多就行，真有不合适的说一声就好了。优势是大统筹、粗线条、个人自由度高，缺点是计划性弱一些。

第三，各管各的，只要双方说好了就行，不管两人收入差距大不大，特别是公摊的部分怎么结算商量好，比如挣得多的多摊一些，挣得少的少摊一些，剩下的自由支配，也不错，只要两口子不介意，怎么都行。

所以日子要过得好，就要彼此拥有，但不彼此占有。既要信任自己，也要信任他人！

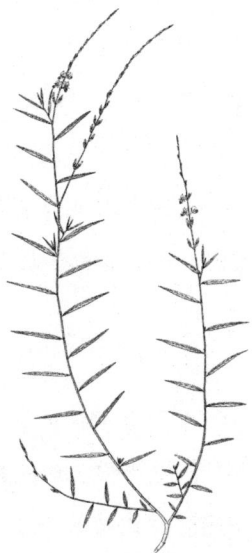

例外状况

例外状况在所难免，但尽量降到最低吧！

婚前同居

现在的年轻男女很多人都有过"同居"的经历，它的标准叫法应该是"婚前同居"。可以这样理解，男女双方在结婚前以夫妻名义公开或秘密地共同生活的一种两性关系，多数是以可能的结婚为目标，类似"试婚"的概念。选择婚前同居的理由很多，有可能是强烈的恋爱冲动，也可能出于经济压力。那么婚前同居是不是必须的？如何看待这种现象？

对于婚前同居的认知，冰火两重天

尽管目前这种情况比较普遍，但是对于婚前同居的看法还是差异很大的。虽然社会上对同居的态度可能是宽容的，但宽容却不代表肯定。这好比所谓的"邻避效应"，别人同居我不管，自己人同居就不行；不认可的核心主要在于对女性权益的认定，一些人认为她们不是受益者，而是受害者。

首先，社会声誉造成损害。因为从古到今，如果男人的感情史比较丰富，会被称为"风流才子""风流倜傥"，这样的经历在男人口中也会成为自我炫耀的资本。但同样的情况对女性来说却多含贬义，经常会被人称作"水性杨花""残花败柳"。中国人民大学潘绥铭教授在一项关于大学生同居调查的结果显示：大学生在对婚前同居持宽容态度的同时，对自己法律上配偶的童贞却看得非常重要，特别是男性。

其次，身体会受到伤害。男女身体特点决定了同居后女性容易感染，患上妇科病等病症。如果一不小心怀孕，对女性的健康损害就更大，处理不当容易留下后遗症，而怀孕的风险几乎全由女性承担。

最重要的是对未来的婚姻不一定有好处。被提前消费的新婚宴尔，婚姻的激情和幸福感被预支，剩下的就只有疲惫和厌倦了。不仅如此，不稳定的同居关系在一定程度上会改变同居者有关恋爱的惯常认知，他们对结婚的兴趣会有所降低，也较难忠于可以持续一生的感情，所以就更容易离婚。对这些人来说，婚姻不再是一种"标准答案"。有研究显示，有过婚前同居经历的夫妻，在讨论关系中如果出现矛盾的时候，更经常采用控制、强迫和消极的回应方式，比如使用言语暴力来威胁、攻击和批评对方。他们在向伴侣寻求支持或者为伴侣提供支持时，也更倾向于采取消极敌对的态度，比如他们会对对方提供的建议表示不满，或者不太愿意为对方提供真心的支持。

婚前同居目前的认可度较高，也说明其并非一无是处。好的同居关系和任何亲密关系一样，都是经营出来的。一段好的婚前同居，可以极大地促进婚后关系。在试婚阶段，也可以帮助你更好地看清另一半；这时候，如果发现没办法磨合，趁早结束也能提早避免婚姻悲剧，所以即使分手，也不是什么失败，相反这个跟头摔倒在结婚前其实是好事。婚前"测试"之所以特别重要，还在于性格、爱好这些内容在恋爱时很容易了解，但同居可以了解到的价值观、家庭观、金钱观、人品还有生活方式等，这些既是两个人要测试和磨合的关键，更是未来婚姻幸福的基础。

婚前同居其实和婚姻关系不大

即使以婚姻之名，但婚前同居不一定就是婚姻的前奏，至少不是所有人都是如此。人们对婚前同居之所以褒贬不一，和由于不同目的走到一起的人关系很大，目的不同自然结果不同。

有一些同居关系，在本质上是有别于婚姻的。它只是恋爱关系发展的一个阶段，是可能通往夫妻关系的一步。所以不要简单把同居看成"合则聚不合则散"的试水期，而是要把它看成双方的磨合期。两者最大的区别在于，前者更多谋求的是短期利益，而后者更看重未来。受关系发展推动的恋爱关系，会在同居中变得更加成熟和稳定。

同居者如果有与伴侣结婚的打算，那么虽然没有一纸婚约，但在其他方面，比如约束、承诺、投入、性生活等，几乎都包括了，这种同居关系已经非常接近于夫妻关系了。在资本积累和心智成熟都未为结婚做好准备的时候，同居就成为一种可行且又与婚姻类似的亲密关系维系方式。而偶然事件的推动，是指一些意料之外事件的发生让同居者不得不被动地选择结婚，比如出生在同居关系中的孩子、经济上的共同投资，或是来自社会关系的压力等。同居对这种类型的婚姻不一定有正面的作用，很多时候是经济和生活方便的考虑促使了同居的开始。

还有一种同居关系，相比于婚姻和恋爱，更类似于单身。这些同居者，完全没有结婚计划，甚至彼此感情也不深厚，同居只是为了满足利益最大化，比如方便、经济、性生活等。这种同居关系更像没有情感基础的"室友"关系，一些受教育水平比较低，或经济状况较差，或对婚姻的看法比较开放的人，比较容易选择同居。而这些个人因素恰好也会影响婚姻关系的稳定性。

◀ 婚前同居的正确打开方式

1. 慎重考虑，形成共识

在同居之前或者过程中，双方需要明确基本的初衷，我们是为什么要住在一起？是为了结婚？还是享受非婚姻状态？同居对我而言意味着什么呢？同居会给我的生活目标和计划带来哪些改变？我对伴侣有充分地信任和了解吗？如果在同居之后发现对方并不是我理想的终身伴侣，我有选择退出的勇气和资本吗？如果在同居之前，双方在关系的蓝图方面已经达成共识（无论这种共识是走向婚姻还是不走向婚姻），怀有一致的目标和期许，不仅是对对方负责，更是对自己的选择负责。

2. 为婚姻做准备，做测试

如果同居双方拥有一致的结婚打算，同居关系质量会明显高于没有类似计划的情侣。相似的研究也指出，订婚后的同居关系相较于订婚前的同居更令人满意，这也是我们所主张的。在这个基础上深入了解双方家庭以及彼此的金钱观、价值观是不是匹配才有意义。此外，24 小时的生活让一个人的人品充分地暴露在对方面前，所以既要细心观察，比如他是怎么对待朋友以及其他人的，同时还要努力磨合生活习惯。

3. 必要的后手

在没有真的把两个人的名字写在一起之前，不需要亲密到连经济财产都不分你我的地步，更不要抱着理所应当的观念，要求接管对方的财物，保持一定的财产自主，也会让对方更尊重你。不要隐瞒自己的收入和债务状况，这样才能公平合理地制定财务分摊的计划，同时要建立共同小金库，按工资的一定比例存进去。其余的钱可以自由使用，当然这个比例也要协商好，生活必需的开销不能省，生活质量也要有所保证。

◖ 可以观点不同，但不要污名化

关于婚前同居，其实很多讨论并不仅仅基于亲密关系，更多地夹杂进一些道德审判的因素，特别包含了一些对于男性污名化的问题，比如经过同居的男人更懂得如何去讨好、应付女人，从而对女性更有经验。男人同居后就不会强烈地追求婚姻，因为经历了 N 个女友后会觉得获得太容易，让他明白同居对男人来说是既可以享受婚姻的权利，又可以不负婚姻责任的好事。

有些人认为，同居关系中女性都是弱者。同居后的恋爱失败，女性通常会留下心理阴影，越来越不自信，在处理下一段感情时更倾向于结婚，而不是享受爱情。其实现在不是封建社会，同居本身是双方的选择。当然每段关系都有相对主动和被动的人，但同居的苦与乐也是共同承担的结果。除非意外怀孕，这种意外最好尽量避免，也不要用它来测试男人。

我们希望讨论类似问题时更多从婚姻本质出发去思考，而不是简单的道德评价，即使以婚姻之名。美国耶鲁大学的一项研究显示，在婚前有过同居行为的情侣，婚后的离婚率高达 80%；研究还表示，相较那些没有过婚前同居的夫妻，离婚可能性高出 46%，这是很多人非议婚前同居的一个重要证据。其实"同居"和"关系质量较低"之间不一定是真实的相关，它们可能是伪相关。婚前同居确实对婚姻有负面影响，但导致婚姻失败的原因实际上是时间。

维护不稳定的关系

无论是处于恋爱状态还是婚姻状态，亲密关系不会总是一帆风顺、如人所愿。时好时坏的关系常常被描述为冷与热之间的交替，而如何理解冷、如何处理冷，则关乎亲密关系的走向和结果。

◀ 忽冷忽热，男女有别

如何理解男女共性的冷呢？一个原因，冷意味着新鲜感不再。新鲜感消失后，就不会像以前那样如胶似漆，热情似火。他不一定对你没感情，但一定不像以前那样保持旺盛的动力，也或许，这份爱情转化为其他的存在，如责任、亲情。还有一种可能是我们不愿意看到的，那就是他移情别恋了，外面人的吸引力此时比你更大，但又暂时放不下你，所以只能保持如此，时而靠近、时而远离。

然而具体到男女的差别，首先是冷与热的交替有所不同。男人对待感情似乎是矛盾的，既渴望拥有亲密关系，又害怕为亲密关系所束缚；一旦亲密关系确立，男人表现出的是先热后冷，通常会从感性状态越来越回归到理性状态。而女人多半先是抗拒或谨慎地开始一段关系，一旦建立亲密关系，会由冷变热，越来越享受控制和充满占有欲，反而会陷入感性状态。

其次，冷与热内涵也有差别。男人开始恋爱时的热，是在竭尽全力地讨好、呵护恋人，展示了他最好的一面。当他跟恋人的亲密程度到达极限时，便觉得无法再付出、无法再给予了，这时他的冷是自我的迷失。男人这种迷失自我的认知一旦形成，要么爆发，干脆失去爱的能力；要么疏离，回到自我的世界里重新找回自我，恢复爱的力量。

另外一种原因则是太在乎却自我把握能力不足。男人在相处过程中时刻都在观察、揣度着女性的反应，既怕自己太过主动会给她造成压力，又怕太过冷淡失去好不容易培养出来的感情。判断不一定准确，加之并不稳定的发挥，才会有这种忽冷忽热的表现。

女生的冷与热主要是自身情绪所致，包括负面和正面的情绪，但由于对象不同演变成冷与热的表现。负面情绪的来源可能是对于当前生活状态的不满，也可能是某些突发事件导致的情绪不佳等等。在女生负面情绪到来时，遇见有吸引力的男生通常会寄托希望于他，让他可以倾听自己和理解自己，从而获得情绪上的释放，这就表现为热。反之，遇到无法吸引自己的男生时，就不太愿意与之倾诉，只是会把负面情绪直接倾泻出来，图一时之快，此时是不会考虑这个男生的感受的，这就表现为冷。

在正面情绪状态下，女生经常会给所有搭讪的男生一个较好的回应，比如发照片，把自己开心的事分享或炫耀出来。许多男生看到女生回应很好时，经常误认为是女生给出青睐自己的信号，其实大部分原因仅仅是因为女生当时心情比较好。

人类的感情其实相当复杂，很多时候自己都不能准确地判断和识别。当女人不能判断自己对一个男人的感情时，就会对他忽冷忽热，可能连她自己都没有察觉。她既然不能分辨自己的感情，就不知道自己应该用怎样的态度去对待。

然而有时女生的冷与热则是自我控制的结果。因为在感情中，女性常常是自带"欲擒故纵"基因的高手，经常会"撩"人一下，看男生会不会上钩去追求她，等真正被她征服、开始对她日思夜想后，又会把人"推开"。她们会做出一些比较奇怪甚至夸张的举动，比如故意不友善，表现得彪悍张扬，刻意地打压谁，有时候也会夸张地赞扬，甚至在关键时候吊人胃口。猛然一看，这与前面说的忽冷忽热好像还真有一些相似，但其实非常容易区分，就是看她的关注点是否是"你"。

◀ 努力让亲密关系保持"恒温"

除了自我无法避免的忽冷忽热外，日常状况下如果注意以下几点了，那么亲密关系可能就保持"恒温"了。

第一是分寸感。当一个男生在追求女生时，毕竟是花费了自己的感情和时间来表现对她的好，以博得她的欢心。要是当他对女生主动示好，而女生过于矜持或者想要给他一些考验，而没有给予应有回复时，往往就会让他产生女生对他不感兴趣的错觉。本来很多人在自己喜欢的人面前就会有些不自信，总会感觉自己存在一些不完美。所以抱着这种心情和女生相处的过程中，会很在意给他的反馈的。如果总是保持这种冷淡的态度，或者没有给予他积极的回应，他就会丧失信心，选择主动离开；所以要把握尺度、适可而止。

第二是安全感。这个词虽然经常用在女生身上，但对于男人来说，同样也需要。尤其在恋爱中，女生的一些行为经常让男人感觉忽冷忽热，体会不到应有的安全感，这是很多男生遇到的问题。表现出热没问题，说明女生对你有好感；表现出冷，可能是她自身的情绪和现状问题，也可能是对当前关系的不确定，抑或是想要引起男人的进一步重视。面对这种情况，一方面，可以给她更多一些关注与关心，让她知道你是在乎她的；另一方面，两个人想要保持关系和谐，彼此之间多沟通，多交流很重要，比如询问对方这样做的真实原因，然后一起商量合适的解决方法。其实很多"不安全感"恰恰源于只是猜而不交流。

当然，一味地将安全感寄托在别人身上，就等同于从一开始就放弃了自己在情感中的主动权，别人为所欲为，自己唯唯诺诺，相信这种关系也很难坚持太久。因此可以尝试化被动为主动，转变一味付出的态度，让关注点重新回到自己的身上，不要再完全以对方为中心，做自己该做的事情，积极打造自己的生活。

第三，学会知己知彼。男女在亲密关系中的冷与热无论是背后的原因，还是发生的规律都存在差异，所以为避免不必要的自伤发生，加深彼此的了解非常重要。比如如果女人能够理解男人在达到亲密极限时需要独处，需要以疏离来恢复爱的能力，那么女人就不会那么紧张，也不会胡思乱想，不会在男人疏离的时候亦步亦趋紧紧追问。女人对男人的疏离需求越理解、越宽容，男人恢复的时间就越短，回来得就越快。

此外，当感情出现了忽冷忽热的情况时，最好的方法大概就是学会互相包容对方了，越是相爱就越是如此。有时亲密关系中一方的忽冷忽热并没有那么复杂，大多数情况下既不是移情别恋，也不是故意考验，只是还没弄清自己的真实感受，不知道自己是不是真的喜欢你，因此也就不确定到底要不要和你发展成更亲密的关系。面对这样的情况，一定不要苦苦相逼，双方都要多给对方一些时间，让双方都能有更深入的了解，以便作出正确的判断。所以学会宽容和原谅对方，再自我反思换位思考，最后找出对方为何忽冷忽热的根本原因，设法去改变目前两人相处的一些盲点及问题，这样才能保持亲密关系的稳定和长久。

两地分居异地恋

在亲密关系的相关问题中，涉及异地恋的问题不少，有两个问题有一定的代表性："异地恋看不到未来，怎么样才能够坚持下去？""异地恋支撑不下去，是谁的错？"还有一系列涉及具体操作的问题，比如谁去见谁之类的。

对于异地恋安全与否的讨论不是特别重要的，确实像有些朋友说的，恋情是否安全与是不是异地恋关系不大，而困难程度或成功率高低才是最重要的。虽然恋情这种事因人而异，不可一概而论，但是很残酷地说，异地恋非常不乐观，总之说起来都是泪。

◖ 异地恋有点违背人性

虽然当今社会无论是科学技术为沟通带来的便利性，还是交通的发达可以做到"天涯若比邻"，但是在"异地"面前还是受到一系列的挑战。恋爱是要谈的，可以天天视频、煲电话粥，甚至时时微信，但是总不及面对面谈来得真实；日子是要过的，可以"小别胜新婚"，可以突然降临给对方个惊喜，但是也不及每天在一起过得踏实。所以如果比较长的时间不能在一起，先杀死恋情的是距离，而补上一刀的则是时间。

有个笑话虽然好笑，但却是实情。女朋友病了，男朋友说："多喝热水。"女朋友累了，男朋友说："多喝热水。"如果不设定两人的相处场景，你可能觉得这个男生情商低，不会哄女生；但是如果告诉你他们是异地恋的话，大概就笑不出来了。但凡此时女生身边有个对她有所爱慕的男生陪着上医院，给她叫外卖，这样几次，恐怕这个女生和远方的他再情比金坚，也难免不心有所动，这就叫"远水解不了近渴"。人正常情况下是不会动不动就移情别恋的，但是在困难时、低潮时，必然会寻求释怀与宣泄，当时没有从应该给予援手的人那里获得想要的回应，久而久之，就是两个结果：去找能够给予自己及时回应的人，或者从此凡事靠自己。但从另一方的角度而言，无论结果如何，都已经失去了对方。

我们说不要挑战人性，更不要考验人性，在这个问题上更是如此。 不是异地恋没有希望，或者干脆就不要谈，古人也说过："两情若是长久时，又岂在朝朝暮暮。"但这是人性问题，所以如果哪天这段感情戛然而止，也没有必要怨天尤人，还是由于最初这件事就存在很大的不确定性。在一个关键的阶段，如果在一起的时间不充分，结果就是不乐观的。进一步说句诛心的话，就算是修成正果，走到一起，如果婚后还是如此，那未来的挑战就可能是婚外情甚至是离婚了。

◀ 既然谈，含着眼泪也要谈下去

如果有可能，不要选择"异地恋"。但是既然选择了，心态上就要做好打持久战的准备，心理上过关了，其他都不是大问题。我的业余爱好是跑马拉松，常常有人问我："你看我能跑多远？"我的回答是："你想跑多远？"所以套用在这个问题上，要看两人打算走多远，同时这种心理准备也要尝试着灌输给对方。

首先就要做充分的心理准备、困难准备，在决定展开这段恋情之时就要有这种准备，而不是"骑驴看账本——走着瞧"或者"跟着感觉走"，接下来的路肯定不好走，所以心理建设必须早早开始，而且双方都要如此。

两个人都必须树立坚定的信心，相信爱情、相信自己的努力一定结出硕果、相信未来一定属于自己。最虚的是相信爱情，但是最重要的也是这一条。跑马拉松，跑到最后靠的就是信念和意志，所以既然选择了异地恋这条路，就得坚持走下去，走出好结果，否则就不要尝试，耽误时间、伤害感情。

具体而言，双方应保持恋爱理念和对待这份感情的认知同步，双方都认识到异地恋的艰难，都愿意为这份感情付出比常人更多的努力，而且对未来的结果充满信心。而不是像电影《胭脂扣》里的那样，说好的为爱殉情，结果女生慷慨赴死、男生临阵脱逃，如果是这样的状况，结果可想而知。

此外要时时彼此鼓励，努力营造谈情说爱的气氛。为什么企业要搞文化建设？为什么在每天的晨会上要不断强调企业的核心理念？就是要不断"洗脑"，坚定信念、排除杂念。恋人之间也是需要的，彼此要相信和时刻提醒对方和自己是命运共同体，这样才会赢得长久。

同时，还要多在两人的交流上下功夫，毕竟身处异地，如果都是常规动作，长此以往，更加容易枯燥乏味。尤其是男生要多搞花样、多些创意，让女生觉得你是唯一、非你不可。所以两个人要设计自己独特的、有趣的、丰富的形式，逢年过节、对方重要的纪念日等必须有创意性表现。而且不要总和经常在一起的情侣比较，更不能拿不能常见面为借口，要学会自得其乐、苦中求乐。

爱情是特别需要激情和仪式感的，如果是异地恋就要加上一个"更"字。过去恋人之间名正言顺的日子是 2 月 14 日的情人节，那是国外的，现在又有了一个七夕，常规的仪式感都不要了，那不是要出事？这种日子别人过难道你不过吗？而且越是这个日子对感情的反思越深。异地恋本来就聚少离多，关键时刻和场合缺席，不是特别合适，也比较危险，有多少人蠢蠢欲动呢，你还敢缺位？不是万不得已，一定要见面。岂止是见面，还要留下深刻的印象。这一天其实很危险，是继续维系下去还是分手都是有可能出现的结果。

最后，还要及早洞察彼此可能出现的负面情绪，及时排解。凡事不可能一帆风顺，困难永远比我们想象得要大要多，所以情绪波动、自暴自弃，以至移情别恋都有可能发生。但是最好不要出现哪天对方突然告诉你"我们分手吧！"或者说"我们在一起其实根本没有未来"这样的局面。所有危机的出现都是累积的结果，只不过你不知道的是何时爆发。异地恋察觉就更难，但不是没有可能，需要彼此要更加用心。

虽然不能像防贼一样盯着对方，但是毕竟长期不在一起，外面的诱惑大，时刻、敏锐地关注到对方的一些不正常的蛛丝马迹也是需要的，目的是防微杜渐。即使情况不好，也不是指责、批评，而是抓紧调整，有针对性的措施跟上，为自己的未来保驾护航！

如果经济允许，就经常去看对方吧！实话实说，谁去见谁都不是问题，如果一定要有个答案，还是男生主动比较适宜。千万不要让所谓的没时间、工作忙成为彼此不见面的借口，或者为谁应该来见谁而发生争执，一旦陷于这种情形，也就意味着恋情亮起了红灯，更谈不上未来谁迁就谁生活在哪里了。

如果可以，还是尽快解决异地状态，毕竟这样的局面还是越早结束越好，因为这的确不是正常的生活模式。不管怎么样，选择了就争取最好的结果，即使最终没有走到一起，也要珍惜这段时光，因为不是所有人都会有这样的经历。

不看好异地恋，但我们祝福每一个为爱努力、为爱奉献的人！

信任危机

在人际关系特别是在亲密关系中，如果开始相信捕风捉影的事情，则意味着出现了一个严重的问题——信任危机。而信任危机是导致很多爱情分手、家庭破裂的直接原因。

《汉书·郊祀志》："听其言，洋洋满耳，若将可遇；求之，荡荡如系风捕景，终不可得。"意思是，听他们说话，满耳都是美好的景象，好像马上就能遇见神仙一样；可是，当你真要寻找它时，却发现其实也是虚无缥缈的，好像要缚住风、捉住影子一样不可能得到。后来就有了"捕风捉影"一词，就是风和影子都是抓不着的，比喻说话做事丝毫没有事实根据。

处于一段稳定的婚姻关系中，如果感情上能建立起信赖感，就不会有各种不安的因素主宰人的思想。夫妻之间彼此相互信任，便能形成很轻松、很和谐的相处模式，会觉得彼此是对方最坚强的依靠和后盾。但要解决信任危机也不那么容易。

◖ 信任危机不是一天形成的

《史记·苏秦列传》中讲了这样一个故事："尾生与女子期于桥下。女子不来，水至不去。尾生抱柱而死。"据说这是有史以来第一个为爱殉情的男子。男主角尾生与一位女子约定在桥下见面，结果女子没来，大水来了；人家都劝他赶紧离开，但是尾生怕这么一走，女子就找不到他了，于是死心眼儿地等下去，结果是抱着柱子被淹死了。在今天很多人看来，尾生实在是有些死心眼儿了，但是尾生的事迹之所以能流传下来，不是因为它是个笑话，而是因为他对承诺的信守，更是对女方的信任。但是女方却滥用了这个信任，而尾生的信任似乎又有些盲目。所以把它看作是一个关于信任危机的故事是正确的。

心理学上讲，人际关系中形成的信任实际上来自于一种长期经验，它是由个人价值观、态度、心情及情绪、个人魅力交互作用的结果，是一组心理活动的产物。同时信任也是社会影响概念中不可或缺的一部分：因为影响或说服一个信任你的人是容易的。但是信任又不是一成不变的，是需要在不断地印证中得以稳固的，所以再次感受或经常感受是必要的。按照人们趋利避害的本能，丧失感永远大于获得感，因此一旦丧失了信任，将很难修复。同时与建设信任一样，破坏信任也是一个经验逐步累积的过程，即信任危机不是一天形成的，但其进程远远快于信任的建立。

看完英剧《福斯特医生》（*Doctor Foster*）感触很深，发觉夫妻之间的信任竟是如此脆弱，**再好的感情只要被发现有过一两次谎言与欺骗，信任感就会一点点地动摇甚至慢慢丧失。**一旦有些风吹草动，人就会变得敏感、多疑，从而加速感情的破坏，即便再深厚的感情也会瞬间崩塌。剧中女主人公与丈夫相爱多年感情深厚，直到有一天她意外发现自己深爱着的丈夫围巾上残留着一根金色长头发，便开始怀疑丈夫出轨，之后只要见到与丈夫熟识的金色头发的女人时她就怀疑是丈夫的外遇对象，甚至还会偷偷背着丈夫查看他的手机，去他公司电脑上偷偷打印他的日程表，继而开展一系列调查以确认丈夫是否出轨，最后她越陷越深，对于丈夫的信任完全破产，导致两人关系彻底决裂，着实让人唏嘘。

信任他人意味着必须承受更多受到对方行为伤害的风险，因此，承担易受伤害风险的意愿也是人际信任的核心所在，但谁也不是受虐狂，谁都不愿意危机降临到自己头上。

◀ 如何避免信任危机

首先就是要敬畏信任。信任真的是一件易碎品，无法完全修复。有句话叫"破镜重圆"，但是没有告诉你裂痕一旦出现了就永远去不掉，正如存在于心里的阴影一般。我曾经在头条问答中回答过这样一个问题：一个男生对女生作出的承诺是不是一定要去完成呢？这个问题挺有趣，岂止要对女生践行作出的承诺，答应了谁都要说到做到。李白在《侠客行》里写过："三杯吐然诺，五岳倒为轻"，就是说即使喝多了的酒话也要兑现。况且女生的不安全感一向很强，你一次做不到、两次做不到，人家还会信得过你吗？能给人家带来安全感吗？要答应自己能够做到的事，做不到的就不要逞口舌之快。

其次，信任也不必盲目。信任一个人是不是就不怀疑他而绝对认可呢？凡事不绝对，我们当然不提倡一天到晚的疑神疑鬼，但也不会主张毫无原则地盲目信任。一般而言，个人的情感状态会影响信任经验，还会影响对被信任者可信任性的判断。所以有人说，热恋的人智商最低；而认知性及情感性的元素也会同时存在于人际信任中，只是不确定是"东风压倒西风"，还是"西风压倒东风"。所以当只有情感而没有理性认知时，信任就是盲目而危险的，也就增大了可能带来的不测，老话说，"把你卖了还帮别人数钱"，吃亏的就是自己了；但是只有理性认知而没有情感性元素，则信任只是冷冰冰的，那就是程序而不是人情了。

最后，信任反而要给对方空间。信任是不是只能基于无话不谈和如影随形呢？也不一定！相反，要给彼此独立的空间，给予对方独立决定的权利。信任不是在嘴上，而是要付之行动的。有些事情是主动说，但不必主动问。有些事情要充分尊重对方的抉择，而不是横加干预。同样是来自头条问答的问题，女朋友要单独跟一个异性去旅游三天，而这位异性已经结婚了，应该同意吗？大多数人的意见是不同意，怕是有什么感情上的不测发生。但是女朋友既然讲了，自然是想去的，除了放心一条路别无选择，因为如果她是忠诚于你的，没有必要担心；如果真有想法，你也防不住。没必要既拦不住，又闹别扭。

假如对方欺骗了你，你会原谅他吗？

当你确认对方欺骗了你之后，首先不要想着如何和对方发脾气，而是应该思考对方为什么要这么做？所谓的欺骗是个什么性质的？也许是婚姻的现状不够理想，两人的婚姻已经失去了爱的基础？这种情况下夫妻之间已无信任可言，不可能再与对方进行真诚的交流。彼此如同陌路，只是出于各种原因，把维护好现有局面作为首要目标，在不失去既得利益的情况下什么样的谎话都可以说得出来，彼此天天做戏，这种婚姻从某种意义上已如行尸走肉、徒有其表，原谅与否又有什么意义呢？

也许只是"善意的谎言"？有时是对方不忍戳破真相，在为彼此着想；有时是为了不必要的麻烦，不便和盘托出；有时就是情趣互动，给对方以惊喜。这种小欺骗可以说是在经营爱情、经营婚姻。如果能从对方的角度去思考这些做法，认为对方是在为自己着想，是不是这样做不但不应该受到谴责，还要为此点赞呢？婚姻是人类最重要的存在方式，需要用全部的智慧去面对，只要是出于善意，是对另一半有益的，是能够导致良好结果的，都应该报以宽容与善待。

但信任确实是很脆弱的，夫妻之间能够建立起信任感已属不易，婚姻的持续经营更加重要，随意的懈怠或者消极态度，都可能会影响双方的信任程度。只有抱着坦诚信任的态度相处，两人感情才会越来越稳固，才能抵挡得了这花花世界里的一切诱惑与考验。

爱人的异性"闺蜜"

"闺蜜"这个词大家都不陌生，一般是指彼此有着很好感情的女孩子之间的相互称谓。随着社会的发展与进步，除了女闺蜜，还出现了越来越多的男闺蜜，这不是什么新鲜事，而且男女间能存在纯友谊的说法，也越来越得到公众的认可。

那么男闺蜜怎么说？就是能与女生建立没有隔阂的纯友谊关系的男性朋友。平时能够轻松愉快地像女闺蜜那样交往；但遇到问题时又能站在男性的角度给出不一样的关怀和建议。男闺蜜比所谓的"蓝颜知己"要少几分暧昧，比所谓的"暧昧对象"要多几分坦诚，比所谓的"爱情备胎"要多几分亲密，比所谓的"灵魂伴侣"要更接地气。

除了基本交往，愿意成为别人男闺蜜的这些男人会把更多的交际时间交给女孩子们，但绝不是好色，更不是信奉"近水楼台好揩油"的无耻之徒。与每个闺蜜都保持着适当亲密的距离，在需要哥们儿时挺身而出，在需要肩膀时温柔相候。最著名的男闺蜜代言人应该就是小说《红楼梦》中的贾宝玉了，他秉承着"天天跟女孩子腻在一起"的人生理想，对她们之中的绝大多数并不心存邪念，更未想过要把她们全都发展成自己的女友、准女友、后备女友，甚至还为她们操着日后成家过日子的心。他有最爱的女友林黛玉，发誓此生只爱她一人，却因为仍为天下美女尽情尽心，使得林妹妹缺乏安全感。

男闺蜜大受青睐的原因只是因为和女闺蜜相比有着无可比拟的优势。一般说来，男女的思维习惯不尽相同，男人趋于理性、逻辑性强；女人则趋于感性、思维缜密。从这点看，男女交往确实可以优势互补。对于男闺蜜而言，他们基本不存在与女性共同的利益冲突，所以不会那般锱铢必较，更不会心存妒忌之心，更不用担心动了谁的奶酪而处处设防，这会让女性感到与同性闺蜜不曾有过的轻松和愉悦。而男闺蜜的建议几乎无杂质，比女性闺密更直接、更客观，还能弥补女生某些性格上的缺陷，有助于她们更加冷静地思考问题。

男人为什么愿意做闺蜜

说到愿意成为别人男闺蜜的理由，贾宝玉的个案有一定代表性。典型的属于成长环境所致，女人堆里长大，祖母、母亲、姐姐妹妹……习惯了与女人之间的沟通方式，女性的气息可让他最大程度上回归到最熟悉的自己，这是属于他的"舒适圈"。之所以具有借鉴意义，原因在于现代"贾宝玉"确实越来越多。男孩子同样被女性包围其中，多数由女性家长带大，与母亲的关系明显好过父亲，有恋母倾向；这类男生在与女性交流的过程中能最大程度上获得安全感。换言之，名义上是他在给予闺蜜们安全感，实则是闺蜜们给了他安全感。

此外这类男人迫切需要在女人面前的自我表现其实也是满足自己内心的一种欲求。他们往往不会选择做某一个女人的特定男闺蜜，而是穿梭在一群女人之间。深入看其心理，折射出的是一种源自内心的领导欲和控制欲，他们希望控制全局，获得更多的赞美和奉承。很多在同性间找不到足够自信、又渴望能够获得仰视的男人，一猛子扎进女人堆，卖力地表演着自己的男性温柔和魅力，乐此不疲，而得到一个女人的赞美，确实比得到一个男人的赞美容易得多。

反之，男人拥有女闺蜜能让男人倾诉不能向情人倾诉的话。她不独占你，却和你心意相通。女人一旦成为老婆，就不再客观地看待男人，她们喜欢独占，而女闺蜜就不会。一般人都有自己的隐藏性格，如果男人的另一半是女人的话，最可能就是女闺蜜。

其实让另一半最担心的就是有的男人成为"男闺蜜"却是被迫的，不过是欲求不得的退而求其次。对"男闺蜜"本人而言，可能熊熊的爱火燃烧在心间，但表面上还要维持着"温良恭俭让"，比如电视剧《甄嬛传》中对甄嬛悉心照顾的温太医，傻子都能看出来，他喜欢甄嬛，连甄嬛自己也非常清楚，可是两人的关系却只能止于"男闺蜜"。所以，成为"男闺蜜"常常是迫不得已的，因为喜欢，所以不忍离开；因为喜欢，所以希望她幸福；也因为这份喜欢，渐渐地变成一种习惯。

◖ 最好是"发乎情，止于礼"

恋人有异性朋友本身是很正常的事，不可能有了另一半就要与其他异性隔离，这的确不现实。一个乐于周旋在众多女人身边的男人，未必只有"色"字这一种解释。关键在于他们保持的的确是朋友关系，而不是以为是朋友关系或以朋友关系之名而发展超友谊关系。所以比较稳妥的做法是，不管男生女生，如果还是单身，可以拥有男闺蜜或者当别人的男闺蜜，但是如果有了另一半，最好就不要再有"闺蜜"级的关系了，毕竟要顾及另一半的感受。

总结很多女生的看法也是如此：男人有了女朋友后，就必须和女闺蜜保持距离，这是原则；恋爱后，你的女闺蜜只能是你的女朋友；绝对不能纵容男人有女闺蜜；对这种事情大度不起来；要把握好尺度，若是正常的聊天还是可以接受的，如果是暧昧的那种，那就不能宽容，这是底线。

对于"暧昧"的解读，其实不需要双方共同认定的定义，只需一方的行为判断即可，这虽然有些不讲理，但毕竟这就是两个人之间的事情。如果赶上了这种情况，与其担心瞎想，不如和对方开诚布公地交流，表达自己这种担忧，并探讨如何有效解决这一问题。当然要心平气和，不要用指责、讨伐的口吻，更不要过早定性。能说清楚，能达成共识最好；如果不行，就需要他提出如何避免你继续受到这个问题困扰的办法，离开异性朋友不是唯一答案，也不要你提出解决的办法，否则就是逼宫了。

亲密关系一方有权知道异性好友的存在，也应该让对方认识自己的异性好友。今后如果允许，可以适当参与对方的活动，真实评价一下他们的关系。但也没必要每次必到，总是保持一种高度的警觉，反而让自己人下不来台。当然这种感觉不会太舒服，所以如果没有出现让你无法接受的情况就不必太计较。

要解决这个问题，建议还是把主动权交给拥有异性好友的一方，而不是另一方。这其实有点像可不可以让对方看自己的手机一样，主动权应该在被涉及隐私这一方。虽然是亲密关系，但也不是彼此毫无隐私可言，应该给予彼此保有隐私的权利，不管对方觉得多么需要共享。从这个意义上讲，即使是异性好友，也要以尊重对方为前提。

这个问题的深层内涵其实涉及了彼此之间的信任。如果信任，就会相信对方会在类似问题上具有底线意识、不逾矩；如果不信任，必然会疑神疑鬼。现代社会的开放化程度很高，管是管不住的，唯有建立稳固的亲密关系，彼此信任才是正道。

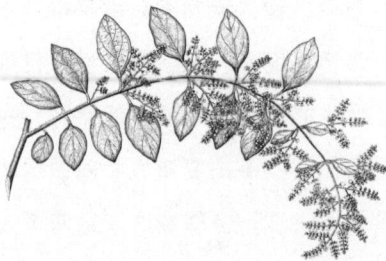

关系失控

关系失控了怎么办？也许还有挽回的余地。

聊天还是"撩骚"

后疫情时代，各地不同程度地出现了离婚潮，这其中除了因为家务事彼此狂怼而擦枪走火的，估计下面这种情况也不少见。因疫情而心烦，有人就春心萌动，拿着手机撩骚而出了事。这个"撩"（liáo）字挺有意思，据说在赣语东部抚州地区中使用率很高，指的是撩拨、挑逗、戏弄，如撩人、撩妹等。"撩"其实并无好坏之分，只是不能用错了对象；如果是情有所属用错了，就说明这个人在感情上是三心二意的。有个成语叫作"二三其德"，说的就是这个意思，它出自《诗经·卫风·氓》："士也罔极，二三其德。""二三"就是不专一，指的是反复无常，而且在感情上开了小差。

◀ 为什么撩？绝大多数是对当前婚姻状态不满意

在头条问答中有过这样一个问题："老公总是爱聊骚别人但又没有出轨，每天也准时回家，争吵了无数次还屡教不改，该离婚吗？"这个问题很有典型性，而且这样的男人也不在少数。不出轨、准时回家，说明内心里是保有维持婚姻底线的，至少不会主动破坏它，但对现状肯定也是不满意的。

男人（其实不限于男人）结婚了还是骚动不安，一般有这么几种情况：一是对当前婚姻状态不满意；二是婚前体验不够，需要弥补；三是虽然结婚了，但是一开始对配偶就不满意；四是属于比较浪的。以第一种情况比较多见。

一般"撩骚"会有这样几个阶段的表现：

第一个阶段，只是为了解闷儿找刺激。主观上并不想改变婚姻状况，但是感情上越来越平淡、越来越乏味也是事实，所以想在有限的程度上找点刺激，找点激情。虽然他也知道这只是"水中望月"，但至少可以"望梅止渴"，聊胜于无。至于更进一步的做法，有些人头脑很清楚，知道自己的条件，以及如果失去现在的婚姻意味着什么，所以绝不敢越雷池一步，即使对方希望往深了聊，自己也会马上离开；但有些人可能就是继续走下去，因为这给他带来精神快乐的同时，也让自己欲罢不能了。

有些人特别是男人之所以屡教不改，是因为觉得这没有什么，就是瞎逗而已，又没什么其他想法，其实这么想就很危险。首先，他对配偶之外的人产生了浓厚的超出正常关系的兴趣，有时对方还有所呼应，如果严格一些，单相思也在此之列。其次，存在一定非肉体接触的行为，比如聊天，这个过程会带来恋爱般的感觉，彼此希望结合并长久维持这种关系，语言上会有类似"老公""老婆"的叫法，并会探讨有关男女关系的话题；说是精神出轨并不过分，而精神出轨肯定也是出轨。

第二个阶段，已经不能在精神上获得满足，而是试图和对方发生性关系。如果仅仅是寻求性的满足，有很多方法可以解决，不在讨论之内。这种性关系的建立是会伴随感情因素的，特别是女生，甚至有时更多的是情之所至的结果。不能一概把婚姻之外的感情简单地斥责为无耻的、不负责任的，但一定是不被祝福的，毕竟是对受法律保护的婚姻的一种伤害。他们也深知如此，所以也不想和现有婚姻告别，只是把这种婚外的关系当作一种补充，所谓"红旗不倒，彩旗飘飘"。

第三个阶段，希望和对方发展更深的关系。比如不惜挣脱现有婚姻的束缚，想和对方重组家庭。此时他应该是在认真地谈感情了，除了不是未婚状态，其他和谈恋爱无异，而且希望真的打动对方，让对方完全接受自己，和另一个人天长地久。这种情况对于婚姻是真正的危机了，他很可能是真的起了离婚的念头，而所谓的"撩骚"，已是试探对方的反应，想了解对方对自己的接受程度了。

◀ 有什么后果？亲密关系的杀伤剂

其实撩骚并不都是发生在虚无缥缈的网络世界中，更多的还是来自于婚姻之外的生活环境、工作环境中；尤其是办公室恋情，是危险中的危险。这种事处理不好，轻则破坏夫妻感情，影响家庭和睦；重则导致家庭破裂，进而影响自己的职业生涯，不要等闲视之。如果处理不当，现在是不聊不舒服，今后可能就是一想起这事就不舒服。

如果不悬崖勒马，可能出现的情况：一是夫妻的另一方打上门来，或者闹到单位，让自己和另外的那个人颜面尽失，可能工作都耽误了；二是面临离婚的煎熬，这种情况肯定是过错方，将会承担巨大的经济补偿；三是深陷其中的两个人经过这么一折腾，估计也没什么谈情说爱的心了，如果继续，还会组成家庭吗？想到自己是如何结合的，心里会踏实吗？总之，不是太合适。

都一把年纪了，可能还是老夫老妻了，多少有些乏味，甚至厌倦，都可以理解。但是玩这个游戏自己一定要有心理准备，别把自己搭进去。

对于解闷儿的"撩"，可以理解为是一种自然反应甚至是心智不太成熟的表现，对于婚姻的实质性伤害并不大。尤其是一些和网上的陌生人或者异地的撩骚，多数属于弥补情感上的空虚。

这种情况非常普遍，有些人即使在恋爱阶段有了明确的对象也会如此。客观上讲，这种行为可以理解为是一种自我调节，如果不任由其发展，在满足了自己的额外需要外，也有助于排解自己对当下状况的失望与不满。甚至可以说，这是对于自身欲望克制后的一种妥协性、象征性的满足。如果不过分，大可以睁一眼闭一眼，有时夫妻之间也要讲个"难得糊涂"。

对于寻求性关系的"撩"，明确是以发展性关系或婚外情为目标的，至少对此不排斥的，当然对婚姻有很强的破坏力。撩骚的人不愿意把自己的情感仅仅归属于独有的亲密关系中，但仍试图寻求家里家外的平衡。这种行为如果被发现，伴侣肯定是会受到伤害的，往往危及婚姻的根本。

但严格来说，他们这样做只是为了满足自己在婚姻中缺失的需求，但是用了一种对亲密关系中的另一方造成伤害的方式。其实在精神上，他们并没有真的想离开这个家，甚至他们认为这是对婚姻能继续下去的一种保护，虽然在外界看来并非如此。

对于第三阶段更进一步的发展，说明婚姻已经出现了严重问题，对方已经无延续婚姻的动机，基本上没有太多可挽留的余地和必要。另一方也不必为拖死对方而做"杀敌一千，自损八百"的蠢事。

◀ 应该怎么办？婚姻要注入新鲜感

其实不必把所有和异性聊天都视为撩骚，关键是聊了什么，是不是有些内容会让人产生误会。如果可以的话，是否可以让自己的另一半看一下自己和对方聊天的内容，这是化解矛盾最直接的方法了。当然如果确实不便，就和他好好解释，自己也无其他的意思，只是聊天而已，毕竟聊天不意味着做了什么对不起他的事情，正常的对外交往还是可以理解的。

如果认为这种对外交往的方式是自己喜欢的，那就想想如何化解爱人对此的担心。一般而言，哪一方和异性这样的交往，对方多数都会不舒服，要换位思考。是否还会聊下去不重要，维系家庭、婚姻的和谐才是最重要的。

　　出现这种情况除了夫妻生活长了必然带来的平淡无味外，很多家庭夫妻之间除了家务事儿外的交流一定不会太多。一看他这么个聊天法就不高兴可以理解，但是应该想想他为什么屡教不改，自己有没有责任，不能一说就是"不要脸"。

　　我的建议是应该利用这个契机思考一下这一现象背后的原因，是自己的生活状态比较空闲，还是和另一半的感情处于平淡期，如何进行有效地调整才是最重要的。婚姻能够长久下去不是自然而然的事，而是要精心、耐心地去经营，就要不断注入新的元素，比如开发新爱好、多多去旅游，不能老让他到外面去找新鲜，否则彼此厌烦是早晚的事情。此外两人要抓紧一切机会去交流，有问题就及时解决，离婚不会一了百了，换个人也不可能不再烦恼。

职场暧昧

　　电视剧《小欢喜》中有一个情节，童文洁因为帮助公司顺利完成第二轮融资，同时大领导理查德对她心怀不轨，所以把她升任了财务总监；随后便是一番语言骚扰，直至直接动手动脚，甚至在公司庆祝活动上直接被理查德索吻，最终上升到赤裸裸的职场性骚扰。其实这种情况在实际生活中并不少见，即使遭遇了爱玩暧昧的领导，或是经历了职场性骚扰，有时的确也不是一走了之就可以解决的。那么如何既保住饭碗，又拒绝这种伤害呢？

◖ 识别暧昧

对于职场暧昧或者性骚扰，需要强调的是并不特指男性对于女性的暧昧和性骚扰，也存在女性针对男性的暧昧和性骚扰，目前已成为一种顽疾。可以从以下几个方面予以识别、提前预防。

首先，根据语言辨别。想要和他人暧昧的人，一定会先用语言勾引、试探。因为这些人一般都不会直接表现出自己不可告人的目的，通常可以从对方的谈话内容中获悉，比如脱离工作内容，喜欢讨论感情方面这些非工作话题。

其次，根据眼神辨别。这可以读懂一个人是否想要暧昧的心思。当对方想要暧昧时，只要能够和你面对面，那么对方看向你的眼神就会不太正常，通常会看向一些不该看的地方，比如嘴唇、胸部、死盯你的眼睛而且眼神炽烈。

最后，从行为方面辨别。这也是识别一个人是否想要暧昧的办法。对方只要想暧昧，就会开始频频试图与你交流，不管是在网络还是现实中都是如此。也许还会送一点儿不值钱的小礼物，或者暗中帮助你，但这些事情都是背后进行的，见不得光。

◖ 拒绝骚扰

在职场暧昧和性骚扰事件中，作为上司的行为较为突出和典型。由于是直接关系到自己晋升、收入的关键人物，生硬地拒绝，可能饭碗、前途不保；但是如果一味消极地接受，又会在公司内部造成不好的影响，不利于自身的事业发展和同事关系，更难免会影响自己正常的生活和亲密关系。所以即使拒绝，也要根据对方的行为作出不同的应对。

比较好的情况是，如果自己的领导是一个比较明白事理，而且做人比较正直的话，那么或许是一开始给了他一种被喜欢的错觉，因此产生了要发展暖昧关系的想法。但是当阐明了自己并无意于对方，而且不想继续这种关系时，对方应该会明白你的心意，这样就能有效地解决在职场上的暖昧局面。

如果对方一意孤行，作为下属，还是要尽量为自己的上司留些颜面的，即使拒绝的话也要说得委婉一些，可以找借口，比如今天身体不舒服，或者已经有了别的约会等。如果实在没有勇气拒绝对方的邀请，还可以采取比较狡猾的方式，比如拉上朋友、同事一起出席。

如果是个比较胆小的人，面对职场中上级暖昧的暗示时，采取的策略基本就是能躲就躲，不单独说话、不单独一起加班、不单独在工作外见面。尽量给对方少一点接触自己的机会，渐渐让对方放弃就好。而另一种冷处理方式就是当作看不懂，对对方抛过来的话题不接茬、对发的消息置之不理。除非是十分无赖的人，对于这样的表示应该不会再继续纠缠。

如果这种委婉的方式都无法让对方触动，就应该明确地拒绝对方，不要既失去了工作，还搭上了名誉。如果回绝都不能解决问题，可能就需要直接呛声这种暖昧，直言对方的居心不良，如果面对下流的言语、猥琐的行为更是可以破口大骂，这种架势足够吓跑那些想在职场上占别人便宜的人。

最后逼不得已就要毫不客气地揭发对方，将真相暴露于大庭广众之下，把这样猥琐的人揭露给所有人看见，这也是对这种人的一种惩戒。如果对方依然执迷不悟，在工作上处处为难的话，这时候建议直接辞职，这样的话才能让对方知道自己真的不想和他在一起。

◀ 平时相处

除了思考如何拒绝，还要在平时的交往中尽量做到防微杜渐。

落落大方的交往。一般出现的暖昧多数情况只是始于异性同事对自己的欣赏，或者只是单纯的爱慕心理罢了。所以与同事交往时表现得要大方得体一些，尽量使用客气礼貌的用语，有时过分的热情和随意也会让对方误解。

不要在同事面前过于表现自己。有时异性同事的这种欣赏和爱慕向暖昧发展了；如果察觉到了暧昧，更不要在对方面前过分地表现自己了，免得给对方一个错误的信号，误以为是刻意在对方面前表现自己。

巧妙地让对方知道自己的想法。作为同事，在一起吃饭、交流是很正常的事，趁着吃饭开玩笑的时候，可以装作无意地讲一讲自己对职场暧昧的态度和想法，让别人知道你的为人和原则，希望与大家简简单单地保持同事关系就好。

尽量回避与暧昧对象单独工作。有时候想要暧昧的同事有了这个想法，就会单独地提出和创造一些想要和你一起工作的理由和机会，比如出差。这样的话，就有了很多独处的时间，但这样的行为相当危险。要么拒绝，要么就设计好保护措施。

尽量避免单独相处。不要和对自己发出暧昧信息的异性同事单独在一起，那样会让对方有趁机表白的时机。如果推不开，就尽量找其他人和自己在一起；在很多人面前才有可能让对方感觉到压力，不会逼迫你做不喜欢的事情，对方也不太会流露出一丝一毫的暧昧气息。

下班后不要与对方有任何联系。上班时无法避免与之相处，但是一旦到了下班后，不要接对方的电话，也不要回复对方的各类留言，更不要见面接触。

向对方暗示自己已经名花有主。有些人因为长得漂亮、帅气或者是气质上吸引别人，所以常常会让对方感到心动。那么这时如果有人提出要搞暧昧的话，可以暗示对方自己已经有了另一半，并且可以在恰当的时候让另一半到公司里面宣示主权，这样就会让图谋不轨者有所收敛或者知难而退。如果对方还是执迷不悟的话，可以直接让自己的伴侣出面解决，这样的话效果应该会更好。

跟身边的其他同事说起这件事，让他们了解你，而不是误解你。特别是作为女性，如果遇到这种情况，可以让比较熟悉的同事周知，不要让大家产生误解，以为自己想借此上位。如果出现一些比较过分的行为，他们可以帮助你渡过难关，至少做个见证。

巧妙接受对方送出来的礼物。如果异性同事公开送礼物，不用拒绝、客客气气地收下，并放在公共场合；假如是一些吃的，那就招呼大家一起享用，并联合大家一起感谢对方的馈赠。如果私底下送你礼物，绝对要拒绝。

如果对方是一个已婚或者是已经有伴侣的人，可以找机会认识一下对方的另一半，并与之搞好关系。通过各种明示或暗示的方法，让对方的另一半有所了解，在一定程度上可以起到震慑作用。

关于出轨

你知道在众多离婚原因中，占比最高的因素是什么吗？答案是"出轨"，出轨导致的离婚已成为婚姻的重灾区。据统计，国内 50.2% 的离婚是由于"小三"插足、一方出轨造成的。《诗经·邶风·凯风·序》中就有过这样的描述："卫之淫风流行，虽有七子之母，犹不能安其室。"意思是说，卫国是个淫风流行的地方，有的女性即使做了七个孩子的母亲，还不能安分守己，总是想着搞外遇，或者离异之后再嫁人。可见这种事情由来已久。

◀ 出轨曾经是十恶不赦之罪

对于如何定义出轨，大概可以这样理解，就是除了法定配偶之外，夫妻一方与他人形成了某种形式的男女关系，可能是停留于精神层面的，也可能是肉体层面的。

一般而言，出轨有几个关键时期：一是孕期、哺乳期，此时由于生理原因，夫妻之间无法进行正常的性生活，导致男方出轨；二是七年之痒，有观点认为，夫妻的行房次数达到一定数量时会出现一个疲劳期，大概时长为七年，所以这个节点不是离婚就是出轨；三是孩子培养期，尤其是全职妈妈的出现，也导致了女方出轨的可能性。

此外，长期处于聚少离多的状态，或者夫妻感情基础差，平时交流比较少的情况也容易诱发出轨。加之当下网络的发达，人们的性观念较为开放，以及离婚的社会压力较小等因素，也在一定程度上推动了这种情况的发生。

在古代没有出轨、外遇、婚外情这么含蓄的表达，统称为通奸，属于大逆之罪、十恶不赦的丑恶行为，一旦触犯将被处以重刑。《史记·始皇本纪》有记载："有子而嫁，倍死内外，禁止淫佚，男女浩诚，夫为寄豭，杀之无罪……"由此可知，那时是格杀勿论的罪过。到了汉代有了宫刑，而按唐律："诸奸者徒一年半，有夫者徒二年。"就是有期徒刑一年半或两年，宋朝也是这样。在元朝律例中，增加了杖刑，"诸和奸者杖八十七。"到了明朝，略做调整："无夫奸杖八十，有夫奸杖九十。"民国政府《刑法》的规定是："有夫之妇与人通奸者，处二年以下有期徒刑，其相奸者，亦同。"此外，还有不计其数的私刑。

◀ 出轨了只能大吵大闹吗

出轨这种事谁都不愿意遇到，但是真的出现了怎么办？女的就是一哭二闹三上吊？就是去男方单位去闹，让他身败名裂？男的就是把"第三者"臭揍一顿？似乎也是于事无补。建议大家在处理类似突发事件的模式是：在讨论怎么办之前，先要思考为什么出现了这种情况，如此才能有的放矢，从根本上解决问题。

俗话说，"一个巴掌拍不响"，关系出现危机绝对不是某个人的问题，只不过是有一方成了实际行动人。所谓两个人的原因就是在对方那里得不到自己想要的东西，比如情感不睦、性生活不和谐、长期的聚少离多等都有可能由此寻找关系之外的慰藉。所以另一半除了震惊、愤怒之外，还要想想自己的责任和要改变的地方。

所以先别计较出轨这件事，而是多想想自己平日哪里做得还不够好，哪些地方可以继续改进。然后和对方认真谈一谈，如能争取最好，不能争取分手也不要太过不堪。即使这个没留住，对以后也有好处，有时不要太计较当下的得失，更要关心自己的成长。

处理上看各自的考虑，对于不痛击之不足以解决问题的，的确得面对淋漓的鲜血，直陈事实，晓以利害，提出措施，约定结果；如果判断偶尔为之，纯属思想松懈，可以旁敲侧击，严防死守，避免类似事件的再发生。当然不撕破脸最好，否则低头不见抬头见，也是尴尬。如果过错方能够悬崖勒马，另一方也"得饶人处且饶人"，毕竟在一起实在不容易。即使遇到死活不承认的，也不要简单理解为是负隅顽抗，也许是对方不想离开你，对你还是在意的。一旦承认了，无非就是要么原谅、要么分手，连回旋的余地都没有了。

当然还有些人的确不能满足于只爱一个人的情况，必须将自己的感情释放给更多的人。遇到这样的人不管你多爱他，建议就此别过，因为他也改不了，你也伤不起。

◀ 预防才是最好的解决方法

首先，尽量选择最适合的人在一起，这是构建幸福婚姻的基础。婚姻不同于恋爱，可以试错，一旦走进这座殿堂，任何危机都要付出沉重的代价。何谓适合？第一要没有硬伤。有个女生在头条问答中说，她的男友是这样的人：很轻浮、生活很懒散、对什么事都不认真、很不尊重女性，她问她是否会变得和他一样？其实这个问题真的是问错了，而要思考是否适合和他在一起的问题。第二，还是要讲个门当户对，双方的基础最好差异不大，特别是核心价值观必须一致，否则将是极大的隐患。第三，至于是找个爱自己的人还是自己爱的人都不重要，重要的是至少是因爱而结合，而不是因其他的东西。如果能在婚前就有一个这样理性的判断，找到最适合自己的人的话，婚后的外遇率就会大大降低。

其次，婚姻幸福是经营出来的。彼此有爱只是构建了一个良好的基础，但是要熬过漫长的时间必须经营、必须保鲜。第一，注意关注配偶的情感。很多家庭特别是有了孩子以后，生活的重心就是孩子，夫妻之间的话题离不开孩子，甚至几乎没有单独相处的时间和关于两个人的感情交流，真成了搭伙过日子。其实不管哪一方都有情感层面的需求，所以一旦外界有了这个情感呼应就非常危险。

而且，不要让配偶感到孤独。孤独感也是促成外遇的主要原因之一。有些孤独是现实层面的，比如一方因工作原因长期不在家，家里的很多事情指望不上对方，必须经常独自面对；有些孤独是精神层面的，虽然在一起，但是两人的共同语言少，对方想什么都不知道，也不过问，有人会选择独立承担，有人则会寻求外界支援。

还有就是，避免生活单调带来的厌倦。有人研究感情生活中属于爱情的时间大概不超过两年，七年是个重要的节点。热情必然冷却，彼此在身心方面也不再有新鲜感。解决的方式都是通过外部实现的：一是不换人，不断补充新内容，比如介入新的领域，增加兴趣、爱好；拓展新的眼界，比如旅游。二是换人。显然前者的性质更良性一些。

最后，花时间注意配偶的微妙变化。比如平时不修边幅突然注重打扮；往常准时回家最近回来迟了；平时对配偶十分关心体贴，现在很少过问；家庭义务观念淡薄，脾气变坏，不时指责配偶，会与他人比较；突然对过去从不接触的事情感兴趣；对配偶触碰手机、衣物、书包等个人物件变得敏感……这种变化不一定说明什么，但起码是一种信号，如果发现类似情况，就一定要引起足够的重视。

　　不管是何种形式的出轨，对于家庭的伤害都是很大的，尤其是有孩子的家庭。如果出现类似情况应该及时终止，重新回归正常生活；如果无法继续原来的婚姻生活，也应及时与对方交流，协商解决，不可长期保持这种状态，贻害自身，也贻害他人。

非婚生子女

　　随着女性地位的提升，社会越来越趋向于尊重女性的自我选择。近些年，婚前同居并不是什么大事，婚前怀孕甚至婚前生子现象也越来越多。大家也认为"奉子成婚"这件事越来越正常，那么如何看待越来越多的未婚生子现象？如果这些非婚生子女出现在亲密关系之外，又该如何对待呢？

◑ 亲密关系构建中有了孩子

　　未婚生子现象，说明社会变得更加开放和多元，包容度更高了。但它的反面就是，年轻人可能对生儿育女这件事越来越不重视，不知道为人父母的真正含义。有不少年轻人未婚生子是由于偷吃了"禁果"，或者没有做好防范措施，或者是"一夜惊喜"。对于年轻人来说，男欢女爱很正常，但是要掌握好分寸。毕竟，男女感情不和可以一拍两散，但孩子一旦生出来，就意味着一辈子的责任和义务。不仅要对自己负责，更要对孩子的未来负责。

　　有的未婚先孕生子，能够推动亲密关系的进一步升级，确保拥有一个幸福美满的家庭，但这样的情况可能只是一个小概率事件。有些年轻人自己还没有长大成人或者还没有成熟，就要为人父母，显然是应付不来的。本来相处很好的爱人，可能一面对孩子出世的现实就逃之夭夭了，根本没有勇气承担这份责任。其结果往往是，未婚妈妈惨遭抛弃，还要自己把孩子抚养长大，太过悲惨；有的未婚妈妈实在是无能为力，只能弃婴；有的男方虽然留下了孩子，但是却拒绝了母亲，造成母子分离，给女方带来心理上的创伤。所以未婚先孕生子应得到人们的充分重视，年轻人可以年轻无知，但父母要加以教育、引导。尽管社会很包容，但我们仍然不提倡未嫁先育生子，因为这极有可能造成多方不利的局面。

对于一些女性而言，这样做的确不是被动的选择。有的女性认为，与其嫁一个什么都没有的"蜗牛"，还不如自己一个人带着孩子过，但如果生完孩子没有能力抚养，这就是对自己、对孩子的不负责了。有些女生成了人家的"小三"，未婚生子的目的是想靠孩子上位，这种想法更可怕，大概率结局会很凄惨，因为她们是这段关系的寄生者；没有谁能忍受寄生虫一辈子，也没有谁愿意被孩子要挟一辈子。还有一部分是女强人，由于自身条件不错，所以更难找到那个各方面都值得自己去托付一辈子的人，所以宁愿自己带着孩子过也不愿意下嫁；因为不值得，不管是经济方面，还是感情方面，极有可能都是只付出而得不到回报的情况，这种倒贴的生活不过也罢。

◀ 亲密关系外的孩子

但是有些非婚生孩子的情况就很麻烦，因为他们是当下亲密关系之外的产物，生来就是不被祝福的。那么对于现在的伴侣而言，如何处理呢？

首先，就是正视问题，做出明智选择。解除当前的亲密关系还是继续？不同价值观的人会有不同的选择，不存在绝对的好坏对错。要做的就是了解自己的内心，明确自己的底线和需要，为自己的选择负责。如果放弃婚姻，就要有独自生活的勇气；选择继续，就要接受对方有一个非婚生子女这个事实。另外，除了冷静克制外更要学会勇敢正视问题，有效表达情感，合理提出要求，杜绝类似事情发生。

其次，让自己"放下"是首要任务。孩子和父母的关系属于"五伦"中的首伦，是大自然中的天道。应该说，每个人都无法改变这种自然所赋予的"道"。亲密关系内所亲生的孩子，以及那个不愿意看到的孩子，事实上都已经是伴侣的孩子了，这是人伦天道无法改变的。我们所要做的就是遵循这种自然界的规律，可以干预伴侣和孩子的父母的关系，但却永远都不可能真正成功干预伴侣与那个孩子的关系。

从婚姻的角度来说，伴侣背叛了自己，这种背叛让你的心灵受到伤害。如果出于各种原因并没有因为这种背叛而选择离开，这样的现状足以说明，你的内心并不希望真正地离开。既然是这样，让自己"放下"就变成了主要任务，因为，一个不开心的妈妈和一个不开心的爸爸，所组成的家庭是不会给孩子自由健康成长机会的。

◖ 对于孩子的父母怎么办

如果伴侣已经真正"回家"了，而你还不能从创伤中走出来，那么就需要专业人士的处理了。虽然受伤的一方并非女性专属，但女性作为受害者，的确是占有相当大比例的。很多婚姻中的女人，尤其是贤惠的女人，对于丈夫会有一些想当然的预设，比如"他应该有足够的自控能力，像我一样，可以洁身自好""他应该可以给我幸福安定的生活"，当女人这样想当然的时候，就会认为犯错的丈夫是故意的，是个施害者，她就很容易把自己放在受害者的位置上。

然而，并非为男人开脱，事实是绝大多数男人都难以做到像女人那般自控和忠诚，这在很大程度上是由男女之间的性别差异所决定的，所以男人就会惹出更多的麻烦，这些麻烦甚至不是他们自己想要承受的。但是当面对诱惑，他们却无从抵挡，当然不可让人原谅。这就决定了，很多婚姻中的女人，若想要继续婚姻，都要和丈夫一起去面对因丈夫出轨所带来的或大或小的问题。

　　大多数人都会有如此矛盾的心情，这与你对这件事缺少一个理性的思考有密切关系。对方有外遇，你心情异常悲愤，但是这种不良情绪对你解决问题没有任何好处。你需要忍耐和克制，心平气和地和他进行持续而深入的沟通，才有可能得到你想要的结局，所以不要气馁，更不要用对方的错误来折磨自己。

　　有外遇的一方通常都会编很多谎话来麻痹伴侣，如果还想和对方继续生活下去的话，必须坚定地表明你的立场和态度，同时也要做最坏的打算。首先，你可以给对方重新开始的机会和与外遇断绝关系的时间，但是这个时间必须有一个合理的期限，必须明确告诉对方超过这个期限的严重后果。只有这样做，你才可以给对方真实的压力，要知道有外遇的一方通常是很难主动和"第三者"斩断情丝的。很多案例表明，一方之所以多年来一直和"第三者"的关系还在进展，和伴侣优柔寡断的处置方式是有关系的，与此同时你的痛苦也更深了。"解铃还需系铃人"，只有过错方付出行动，你们的关系才有可能改善。

　　如果为了孩子不想离婚，也要知道孩子长期生活在充满矛盾的家庭里同样会给他带来很大的心灵创伤。所以，不管是否解除当下的亲密关系，只要你是在充分面对现实的基础上作出的理智决定，都是正确的抉择，你都可以无悔于心了。

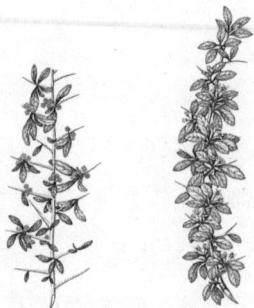

Part 6

亲密关系冲突处理

核心关系冲突

核心关系的冲突才是最致命的，处理不好就动了根本。

情感危机早知道

身处亲密关系中的每个人不可能这一辈子都是一帆风顺的。毕竟两个人在一起日子久了，难免会遇到磕磕碰碰的琐事，出现情感危机也是意料之内的。当遇到危机时，该如何面对？

◖ 表面行为

情感的危机常常是累积的，产生于不易觉察的生活细节之中。

伴侣过度的唠叨实际上是一个开端，表明已经开始在表达一种不满。这样做不仅达不到预想的效果，反而更容易让对方产生疲惫之感，最后引起对方情绪过度的波动。因为过度的唠叨，会使一个原本生活在幸福家庭中的人时刻感到压抑。抱怨很多时候都会成为危机爆发的导火索。

争吵是婚姻中不可避免的行为，比如很多已经为人父母的夫妻常常在育儿问题上存在分歧，或者两人因为其中一个人的外部关系产生不愉快等。但总是因为一点点小事就闹得不可开交，而且两人争吵的频率一天比一天高就不正常了。不但如此，争吵中还谁都不会让着谁，你说的话伤人，我说的话比你说的话更伤人。

接着，这种尖锐的指责（伤人的话）慢慢就替代了正常的争吵。对于一方的抱怨，最终都会成为对另一半的攻击行为。夫妻两人在日常生活中，如果遇到矛盾就开始批判、指责对方，再好的感情也会被消磨掉，会导致彼此之间的关系恶化，这是夫妻之间长期相处的大忌。还有些夫妻之间甚至还会出现无法控制自己情绪和肢体的局面，仅仅是情绪的话，加以引导，还比较好改善，如果是肢体上的冲动，那就比较严重了。

婚姻生活中最可怕的还不是这些刀来剑往，而是消极应对，是对对方的冷漠。当夫妻缘尽之时，彼此之间是两看相厌，以至于除非必要，否则不和对方交流，因为根本就是无话可聊。生活在同一屋檐下，对话却没有几句，即使是回应，基本上也是"嗯""行"，这种相处状态，会让人极其压抑。消极的作对，会给对方传达出一种冰冷的疏远态度，这也是婚姻生活中所忌讳的。因为一旦消极回应成了习惯性的表达方式后，将会对婚姻中的两个人产生严重的心理伤害，甚至会导致夫妻感情开始恶化。

此外就是夫妻生活人为的停摆。当一方想要进行一些亲密行为时却被拒绝，而性爱是一种行为和心理双重需求的体现。长此以往，夫妻之中一方也许就会出轨，这意味着两个人的感情之路走到了尽头，即便是一方选择原谅，两个人的生活也不可能和好如初。

◖ 内在根源

所有的外在行为都是内在根源作用的结果，既是对方的心态使然，也是自己内心情绪的真实流露。

对对方而言，很可能早已对你产生了厌弃。良好的夫妻关系应该呈现出这样的状态，即夫妻间是相互赞赏与扶持的。所以当人们发现对方对自己出现爱答不理，毫无理由地针对自己，或者故意放大自己的不足之处时，就需要注意了，这既是一种嫌弃，也可能意味着想要分离。有了这样的想法，所有的外在表现就都不足为奇了。

你的伴侣内心瞧不起你、低估你的能力。当你想去做一件事时，对方总是会说："不要去了，你肯定做不好的。你做这个就是浪费时间。"在对方眼里，你就是一个平凡甚至是平庸的人。不管你多么努力、多么优秀，始终无法获得对方的欣赏。如果这种行为不断进展下去，就会让你自己也对自己失去信心；对方对你的不欣赏，慢慢也让你对自己欣赏不来。久而久之，你就会变得自卑、内心敏感而压抑。

无法获得爱人的信任。体现为爱人的控制欲太强，处处表现出所谓的小心眼，比如总是关注你的信息、偷听你讲电话、查看你的通讯录和电子邮件，希望洞悉你的一切。和你一起走在大街上，路上遇到颜值高的异性多看了几眼，然后对方就会不依不饶、喋喋不休，甚至开始疑神疑鬼。这种做法看似关心，其实不过是对方缺乏安全感的表现。这样做是以情感虐待的形式完全控制了你的生活，对你造成内心的困扰。

对自己而言，这种关系让你倍感孤独。你所爱的人试图将你与你的朋友和家人隔离开来，不喜欢你跟朋友来往，不喜欢你出去工作，只希望你乖乖在家等着对方，为对方一个人守着一个家。短期内你可能很享受，觉得是因为爱你，所以只想和你二人世界；因为珍惜你，所以不让你出去抛头露面，把你像宝贝一样藏起来，其实只是三观不正和心理不健康而已。这会导致你在心理和经济上对对方产生过分的依赖，从而离不开对方，但对于你来说，其实后果是无法承受的。人都是社会性动物，爱情只是生活中的一部分，没有了生活内容和社交，你将会感觉空洞无聊，你的灵魂也将越来越乏味。

你在这段关系（婚姻或恋爱）中感受不到开心，或者你经常感到不快乐、不舒服、有压力甚至有负担，变得压抑，代表你们之间相处并不算太和谐，或者说你们的相处模式存在问题。长此以往，积累下来的情绪总有一天会爆发，有句话说"不在沉默中爆发，就在沉默中灭亡"，不管是爆发还是灭亡，必然会导致情感危机的发生。

在亲密关系中丧失了自我。当你和"正确的人"在一起时，你不需要假装什么，你可以成为最真实的自己，甚至比你自己单独生活还要开心和放肆。你可能愚蠢而笨拙，不用担心丢了面子，也不会产生内疚。当你们在一起的时候，你们的行为是自然的、随意的。如果在亲密关系中，你不得不顾及对方的一些看法而无法完整地表达自我，说出自己想说的观点，或者做自己喜欢做的事情，那么说明你在这段关系中地位处于劣势，而且你们的关系也是岌岌可危的。

◖ 宽容和理解是处理问题的最好办法

当情感危机来临时，我们应该理性地去对待，不能冲动或者用情绪化的方式处理，这样会适得其反、得不偿失。所以一旦危机来临，首先，要让自己的头脑冷静，先去了解危机发生背后的真实原因。是自己错了，还是对方错了？但实话实说，一旦出现这种情况，不可能只是一方的错误，双方肯定都存在问题。其实宽容和理解是处理这类问题的最好办法，很多事情都是在相互理解之下去解决的。放对方一马、也放自己一马，这样处理问题结果才会更加完美，当然这也说明彼此心中还有爱。但是只有真正解决问题才是关键，仅仅追求一团和气以及没有原则的宽恕，只能让危机雪上加霜。如果对方的确有负于你，也要当机立断，不要在无谓的关系中虚度光阴。

其次，谁都是一个有自尊的人。如果因为自己的问题却在对方身上发泄怒火的时候，自己应该意识到对方没有这个责任和义务，来承受你的这些负面情绪。你向对方发泄这些负面情绪，只能说明自己是一个情绪控制非常差的人，这样做除了给对方带来伤害并且加速关系破裂之外，不会有其他结果。

第三，两人之间一定要通过正确的方式来沟通，也许这种方式只属于彼此。要相信，在两人之间绝对有合适的沟通方法，能够让彼此的感情得到流通，只是你们现在还没有找到。如果两人都没有这个主动意识，有效的方法不会自己出现。而且两人之中还要有一个人更为主动才行。有效的方式都是试错的结果，如果觉得对方不能够接受、理解、认同你这样的表达方式，那就再找，直至找到为止，而不是浅尝辄止，轻易就放弃了。

最后，构建换位思考，多站在对方的立场上去考虑问题。两个人相处中最常出现的问题就是：我以为你懂了，但其实你没有；我以为你知道，但其实你并不知道。有时候应该多想想，你这样的表达方式，对方能够接受吗？接受之后能够理解多少？理解之后能够认同吗？如果想不清楚，那就问对方好了，只有有效的沟通才能真正解决问题。

避免祸从口出

有个电视剧叫《如果岁月可回头》，讲述了白志勇、黄九恒、蓝天愚三位临近中年却有些郁郁寡欢的男性，在他们试图想再活一次的"抗争"中，探讨了一些深刻而典型的婚姻及情感话题。这其中两对是离婚状态，白志勇是前妻景雅先提出的"被离婚"，因为缺乏与他的共鸣；而蓝天愚则是由于前妻上官慧的精神出轨，但为了孩子还要"离婚不离家"。从作品角度而言，拍得着实不怎么样，情节支离破碎，人物设计缺乏基本逻辑，主要表现方式枯燥无味，除了聊天就是聊天……但问题抓得挺准，也颇为应景。

　　大家知道，当今社会提倡和谐，但近年来国内的离婚率却有快速上升的趋势。2003 年有超过 130 万对夫妇离婚，到 2019 年这个数据达到了 415 万对。在举国上下全力和疫情作斗争的同时，很多家庭却要保不住了。据报道，2020 年 3 月 2 日起，陕西西安市 17 个婚姻登记处正常上班，逐步恢复婚姻登记办理工作后，多个婚姻登记处离婚预约天天爆满，已经到了 18 日。而且这个现象不仅仅出现在一个城市。

　　"环球同此凉热"，美国有线电视新闻网（CNN）在最近的一篇报道中指出，每天和另一半抬头不见低头见，没有独立的空间和时间，必须平衡工作和个人生活，一天 24 小时，一周 7 天都是如此，再加上年幼的孩子，这就有可能导致"灾难性"的后果：离婚。而日本的家庭主妇也由于必须全天候地和自己原来应该整天不在家的丈夫相处，已经出现了纷纷要离婚的迹象。

　　为什么夫妻共处的机会多了反而会离婚呢？一是因为家庭里的一些琐事，比如丈夫通宵打游戏、不管家务、只有一方管孩子；二是因为沟通不畅，平时这方面本来做得就差，一旦连"惹不起躲得起"的机会都没了，离婚就成了似乎可以"一了百了"的做法。

　　据婚姻登记处的工作人员说："近期，离婚预约爆满，一部分是因为前段时间受疫情影响积压的存量，还有一部分是因疫情居家隔离、办公，在家里时间太久，夫妻间矛盾冲突下的冲动离婚。"存量说明什么？离婚一直以来就是个重要的社会问题；冲动说明什么？因为说了不该说的话，做了不该做的事。

◀ 所有亲密关系的悲剧都是在这两个问题上出错

　　我在学校里教授的课程是《公共关系学》，核心内容就是如何构建关系，而主要使用的工具就是沟通。虽然重心在于组织层面的建设，但是放到婚姻情感中其实是相通的。所以，所有亲密关系最终走向悲剧，无外乎是在关系管理和沟通管理上出了问题。这样表述并不夸张，如果你的感情不管理、关系不管理，又不学习沟通之法，除非你是天才，否则一定会后患无穷！

关系管理的核心问题有哪些呢？

如何界定亲密关系？ 很多人对此的理解很简单，就是谈婚论嫁、结婚生子。其实对于"亲密关系"的认识还是不够的，至少是认知不一致，它强调的是彼此互相依赖的程度很高。所以不仅要求双方均认可的一种亲密关系的存在，而且由此形成的从意识到行为的相关约定与约束也要清楚。这就要求什么是重要的、什么是不可侵犯的等一些核心准则要达成双方的认可。

关系是否匹配？ 很多人谈及感情经常会讨论一件事，就是关于"我爱的人和爱我的人"，这就是典型的关系不匹配的表现。很多人即使处于婚姻状态，但由于关系并不匹配，导致双方的付出不一样，比如一方用情专一、另一方却是拈花惹草，长期的不合拍必然会出现婚姻问题。

你的还是我的？ 亲密关系之间反而不能"亲密无间"，没有"气口"存在就要憋"死"了。即使是亲密关系也要分清"你的""我的"，如何处理好这种关系其实并不容易，纯粹的敞开心扉毫不隐瞒并非上上之选，隐私、隐秘的保护还是需要的。

亲密关系外的关系处理。 亲密关系不是生活在真空中，要处理各种关系之外的关系，近到与父母、子女的关系，远到与兄弟姐妹、朋友、同事等的关系，也会对亲密关系的质量造成影响。

而沟通管理的核心问题呢？

沟通的模式是什么？ 构建正确的思维模式。很多人与他人的沟通主要靠的是基本反应，即时的情绪推动，有时并不严重的事情也会搞得不可收拾。

沟通的具体技巧有哪些？ 这里既有基本思路，但也会因人、因事而变化，所以有时阅历是个好东西。

极端状况（感情危机、冷战）下如何沟通？ 尽管是非常态，但往往是亲密关系走势的关键点，所以同样要做好预防、预案。

我要是你就不和另一半说这样的话

很多夫妻相处久了，说话也是越来越随意，不太顾及对方的感受。平时在外面，对他人恨不得一句话转八个弯才讲，到自家人面前了反而很多话都是不经过大脑由着性子来的，你想想好听的话能有多少吧！有一句话叫作"恶语伤人六月寒"，作为当事人觉得好像无所谓，有时还补上一句，能让我这么说话的没几个人！但是对于另一半而言，可能真是会伤了心，就是再牢不可破的感情也会出现问题。所以以下这些话能不说就不说吧！

自我否定型："当初是被蒙蔽了双眼才跟你结婚""我当初怎么会娶/嫁你这样的人""跟你结婚可后悔了"。以自我否定之名，行伤害对方之实。这么"婉转"不要也罢！

否定对方型："我一看见你就烦你""你就是个窝囊废""你也不看看自己的怂样儿""你太无能了""你能力不行""你根本不爱我"。典型的人格侮辱，即使对外人也不能如此，突破了底线。

冷漠无情型："你要这么说我还能说什么""你的事跟我无关""有办法想去，没办法死去""你可千万别在意我""在意我是负担"。这实际上是对亲密关系的间接否定。

最后通牒型："这日子过不下去了，我们离婚吧""离婚算了"。离婚不能总挂在嘴上，这和"我们结婚吧"一样要慎重。

无端对比型："谁都比你强""某某某的老公对她超好""人比人得死，货比货得扔"。不仅亲密关系不能如此，亲子教育中也是让孩子非常反感的。

连带型："要不是为了孩子，早跟你拜拜了""你跟你爸妈一样，一辈子穷光蛋"。将亲密关系外的关系错误地引入，伤及无辜、伤及自身。

怀疑型："孩子是不是我的？""你去哪儿了？和谁在一起？"亲密关系最怕的就是不再信任。

◀ 双方出现矛盾后正确的打开方式

我经常会从沟通管理和关系管理的角度去尝试回答一些有关情感方面的问题，而遇到的问题基本就是这样的阐述模式：先把对方说得一无是处，然后抛出问题"离不离"。说实话，这样的思考是比较草率、冲动的，潜意识里会一下子把自己和对方往感情的"悬崖"边上推。通常情况下，我会先从一个问题入手："想不想继续过下去？"**如果想，就会去找不分开的理由；如果不想，那找来的都是为了分开的借口。**

《孟子·离娄章句上》里有句话："行有不得者，皆反求诸己。"就是说，如果自己想做的事没有达成预想的结果，首先思考的就是自己哪里做得还不够。凡事如此，亲密关系更是如此。我们希望大家培养的思维模式一定是先去想自己哪里出了问题而导致对方如此，亲密关系中永远是"一个巴掌拍不响"，即使是比较极端的出轨行为。

此时沟通的技能就显得尤为重要。为什么要"谈"恋爱呢？因为通过交流可以对人的本质有所了解，也对其沟通方式有所了解，从而辨析出哪些是懵懂无知，哪些是死性不改！

但是要谈，而不能是兴师问罪，那样除了加速亲密关系的瓦解，于事无补。要抱着解决问题的目的，同时带着纠正、完善自身的态度去交流。但也不是说一味地去承认错误就是对的，尤其是出于缓和的目的而心里根本不认可的情况下。当然更不是"得理不让人"，失败的亲密关系没有赢家。一定要心平气和地交流，以共赢为目标，就是我们常说的，去"赢得"对方，而不是"赢了"对方。就算最后还是摆脱不了分手的命运，但至少可求得问心无愧。

有关冷战

亲密关系的沟通是一门学问。两个来自不同家庭的陌生人、两个来自不同性别群体的个体，要在人生并不算太短的时间里一起携手走过，还要求得功德圆满，实在是一件不容易的事情。所以这中间会经历分歧、争吵、冷战，相互威胁、相互折磨，甚至想无数次地掐死对方……但日子还要过下去，因此就要想办法去解决问题，而不是陷入死循环而不能自拔。

◀ 冷战是一种冷暴力

冷战是亲密关系中常见的一种非正常沟通方式，因为某些矛盾与分歧不能在短时间内得以解决，同时又不愿意恢复到正常的交往状态，所以就出现了冷战状态。别人的冷战状态什么样不是很清楚，但我曾经历过的是这样的：两人在长达十余天（长假期）的时间里彼此不和对方交流，吃饭还是一起吃饭，除此之外没有任何共同活动。对面这个人始终存在，但就是不和你说一句话，也没有其他形式的交流，一下子就把你逼到了无所适从的地步。

冷战可能是剧烈冲突的前导，当彼此不交流的状态持续一段时间后，其中一方可能不堪于这种非常规行为，会变得异常暴躁，从而挑起双方的冲突，另外一方或逃避、或应战，直至变成一场世界大战。冷战也可能是剧烈冲突的接续，当双方经过激烈对抗后，局面仍然无法恢复正常，双方或某一方表现出了伴随疲惫的气馁和绝望，从而进入冷战局面。

冷战实际上是亲密关系中的冷暴力，看似彼此无伤，实则是一场煎熬，让回家成为参与这场冷战的人最大的痛苦。没有经历过冷战的人无法体会，那是一种内伤，发泄不出又无从解脱；又像是参加了一场"看谁不说话"的游戏，似乎为了尊严和面子也要在对方之后说话，这样日后才会有主动权和支配权。渐渐地你就会忘记当初为什么要冷战，反而会为了冷战而冷战，僵持越久，越难恢复，很多人由此崩溃，甚至亲密关系无疾而终。

没有谁的日子是一帆风顺的，冲突也在所难免。面对冲突，我们在情绪失控的情况下往往选择激化冲突的错误方法。男人倾向于吵架和冷战，女人倾向于回避和假装。有些男人认为进攻是最好的防守，以为胁迫就可以使女人屈服。但是女人只是口服心不服，反而对彼此的关系更加没有信心，一方面，她会更加防御性地包裹自己，以免让自己受到更大伤害；另一方面，她会拒绝开放自己的心扉，刻意拉远与爱人的心理距离。有些男人宁愿逃离现场也不想出现争吵的局面，但实际上这和冷战没什么区别，依然是无限期搁置问题而不是解决问题；而冷战只会令女人备受冷落，感觉再也得不到爱人的关爱了。

◀ 迅速结束冷战的关键词

只有知道冷战之苦、冷战之残酷，才会努力免于陷于其中，才会有尽量摆脱出来的动力。迅速结束冷战有几个关键词：

时间。以我的经验，出现僵局的情况绝不要超过 1 分钟，一旦意识到出现了分歧，一定要迅速缓和。一旦超过了这个时间，很多人就开始情绪占据了头脑，决定为尊严而战，无法集中于对当前这件事上的解决，从而失去了解决问题的绝佳机会。

比较麻烦的是不在一起的状况，交流的方式主要是电话或网络，不能第一时间通过其他方式补救，比如拥抱你的爱人、死皮赖脸地听她的抱怨、然后给她一个笑脸。这就是异地恋出现矛盾后容易导致冷战的原因，此时你会觉得语言如此苍白，什么也敌不过面对面的交流。双方往往还会以"冷静冷静"为借口开始冷战，当一方没有意识到战争的开始，还以为无事时，负面的情绪已经占据了其中一方，悲观、厌倦，直至怀疑在一起的意义，从而加速分手。

面子。所谓的尊严在此时会成为主要障碍，对于男生而言尤其如此。不要有"我是男人不能先低头""我没有错干嘛要服软""平时给你脸了，是时候给你些苦头了"这些幼稚想法，更应该想到的是，"不好，可能要出现冷战了，赶紧补救它""面子此时一钱不值""拯救爱情的时候到了"，要知道，夫妻也罢，恋人也罢，都是亲密关系中的一份子，这里没有旁观者，关系不会自动地修补好，过好日子是第一要考虑的。如果真爱对方，自己的一己之私根本不重要！

理解。当冲突来临时，我们倾向于采取暂时有效的方法，却没有解决问题的实质，结果可能是战争不断升级、硝烟不断。男人在生气时，不愿意说"对不起"，因为在男人的世界里，"对不起"的意思是"我错了"，男人把对错看得比维护爱的关系更重要。但是，当他觉得自己争赢的时候，其实他输得很惨，在爱的关系里，争赢的一方将会失去对方的爱。

与男人不同，女人口中的"对不起"或"我错了"表达的意思是"我在乎你"。如果男人能够理解输赢在爱的关系里并不重要，他就能更容易地说出"对不起"三个字。而听到这三个字，女人就会停止争吵。但是女人又不善于直接表达自己的感觉，按照女人世界的标准，感受应该迂回地表达，但却容易导致词不达意。所以，女人必须习惯说"我感觉……"放弃说"你……"才能让男人收起防卫的宝剑，更加关注女人的感受。

◀ 不要给出现冷战机会

冷战不是从天而降的，从危机管理的角度看，就是平常矛盾累积之后从量到质的转化，所以在平时的接触中尽量把出现萌芽的问题、矛盾及时解决，不给它累积、爆发的机会。两人在平时的生活中要设计一个可称为"特别时间"的沟通机制，不管多忙，也要有一个主动交流的时间、做做复盘，问问对方自己还有哪些地方没有做好，有什么好的建议给自己，如何监督自己做到。不用像开会一样正襟危坐，比如饭后遛弯，一起喝个咖啡，主要是形成一个良好的、持续的沟通机制。当然仅限于两人之间。

不要说没时间！平时不交流，日后一定会矛盾重重。如果平时不为亲密关系投入，那结婚的意义何在呢？交流，特别是非事务性交流，不是孩子上学、买车买房之类的，必须是亲密关系构建的常态，不是搭伙过日子、夫妻性生活、养孩子就完了。感情交流是家庭生活重要的组成部分，不局限于夫妻，也包括亲子关系，都需要构建这样的交流环节。交流不是可有可无的。这既是有效避免冷战的法宝，也是建立高质量家庭关系的利器。

这里还要特别对男人说，有的女人为了避免冲突，维护爱的关系，她宁愿失去自我；只要能令爱人满意，她可以不断付出，但爱人的抱怨却成了她永远都不快乐的最大原因。还有的女人会假装自己没有任何需求和期待，假装每一件事情都令自己非常满意，假装没有任何需要处理的冲突；但当她无法再欺骗自己的时候，她就会突然爆发，破坏力巨大。所以男人不可坐视不理，进而得寸进尺。

平息争吵

　　了解到的大部分案例中都明确地告诉我们亲密关系中感情发生变化时存在两个极端。第一，吵架的频率越来越高，常常因为鸡毛蒜皮的小事舞刀弄棒。第二，遇到问题相互不理睬对方，导致家庭气氛降至冰点。第一种是无休止的争吵，第二种是无休止的冷战。这两者其实都是亲密关系失控的表现。

◀ 吵架究竟好不好

　　理论上，冷战可以避免，但是争吵不可避免。有吵有闹说明彼此心里还是有所期待、有所依赖的，不愿两个人就这样散了。如果相顾无言、不吵不闹，才是最可怕的伤害。因为心里没有对方，对另一半毫不在意，或喜或悲，对伴侣而言都是无所谓的。

　　"吵架不可怕，可怕的是不知道为什么而吵，茫然无效的争吵，让争吵一再损害伴侣间的感情。" 朱迪斯·莱特是美国著名的婚姻和生活方式教练，也是一位情感咨询师和作家，她和先生鲍勃·莱特共同写了一本书《如何正确吵架》(*The Heart of the Fight*) 书中谈到，教给伴侣怎样避免吵架其实是一种错误的说法，因为适当的争吵是伴侣间实现甜蜜互动的一个秘密武器。通过争吵能够挖掘出争吵的原因时，吵架带来的互动就是良性的，反而会拉近彼此的关系。甚至，伴侣能体会到从未有过的爱的体验，能增加彼此的亲密感。

身边生活中，在谈恋爱交往初期有过真实、愤怒争吵的伴侣，后来往往会更加幸福。因为伴侣关系中这种发生于早期的争吵，能帮助他们发现影响长期发展的因素。虽然带来的是短暂、充满愤怒的不愉快，但却是诚实的沟通，反而有益于增加感情的稳定。因为你会发现，亲密关系比想象得更加强大，能经受住争吵的考验。激烈的争吵能激发彼此的理解能力和观察能力，能帮助亲密关系更进一步增长。

◖ 吵架本身也有好坏

在《如何正确吵架》一书中，吵架被分成了推卸责任、家务琐事、财务纷争、有话不说、欲求不满、原生家庭矛盾等 15 种类型。此处我们借用书中的内容与大家分享。

回想一下你们最近几次涉及争吵、冲突或不满的情况。下列选项中的哪件描述符合你争吵（或回避争吵）的态度？请勾选出每个符合你或你的伴侣习惯行为的选项。

1．大喊大叫

2．虽然愤怒，但也不忘展现幽默或同情

3．疏远对方

4．认真倾听对方说话，尽力理解他／她的想法

5．沉默不语

6．侮辱对方（人身攻击、冷嘲热讽、恶意取笑、恶意模仿）

7．转移话题

8．实话实说

9．争强好胜

10. 喜欢翻旧账

11. 尝试解决冲突

12. 表达自己的感受

13. 确认对方的观点（让对方知道我能理解他 / 她的想法）

14. 不争，但拒不认输，冷淡以对，居高临下

15. 探寻自己真正的担忧并表达出来

16. 试图掌握话语权，一定要说完最后一个字，但不认真倾听对方的想法

17. 蔑视对方（抨击，使用带敌意的措辞、语气或手势，翻白眼，讥笑等）

18. 了解对方的真实处境，理解他 / 她的感受

19. 争吵不断升级，无法解决

20. 在讨论或争吵的过程中走开

21. 进行反击

22. 采取防御态度（找借口，反过来抱怨对方，不同意对方观点并进行反击，说"是的……但是……"）

23. 认输

24. 吵得不够投入

25. 承认自己在争吵中的责任

26. 声音越来越小（或变成小声嘀咕）

27. 回避争吵

如果你勾选了 1、6、9、10、16、17、19、21 和 22，说明你们之间存在破坏性的争吵行为。你们的关系之所以会受到破坏，是因为争吵的风格不对，而与争吵本身无关。敌意、蔑视和防御态度，不仅无助于问题的解决，

还会增加彼此的憎恶和距离感。争吵这件事（比如大喊大叫）本身并不是问题，而是你们争强好胜和蔑视对方的态度将彼此推远。其实，如果你学会在愤怒中加入一些幽默感或同理心，你们的争吵就会变得更有建设性。

如果你勾选了3、5、7、14、20、23、24、26和27，说明你或你的伴侣有回避性的争吵行为。你们的争吵风格是逃避、退缩、抵制的，这同样会破坏你们的关系。逃避争吵无法让问题得到解决，只会滋生怨恨，真实的情感和需求未能浮现出来，距离和不信任感由此产生。你可能在试图避免争吵带来的紧张气氛和沮丧感，但退缩意味着你不愿为你们的关系承担责任，也不愿着手解决问题。如果你们其中一方采取回避态度，而另一方想进行建设性的争吵，问题就更严重了，即一方想要解决问题，另一方却想逃避问题。

如果你勾选了2、4、8、11、12、13、15、18和25，说明你懂得进行建设性的争吵。你能表达自己的感觉和意愿，也能认真观察和聆听对方的观点和感受；你更具备了解决冲突的能力。你可能会与伴侣激烈、大声地争吵，但通常能够通过幽默、有爱的积极态度来解决问题。

无论你是否明确倾向于一种争吵类型，你勾选的每种具有破坏性或回避性的争吵方式，都可以成为让你们的争吵更具建设性的契机。令人惊讶的是，会进行激烈争吵的伴侣，并不是对关系破坏力最强的类型。最危险的模式是一方积极参与、想要解决问题，另一方却想逃避。这种争吵者和逃避者的结合，大大降低了婚姻长期存续的可能性，更不用说在婚姻中获得满足感了。

◀ 这样吵架才高级

尽管专家认为避免吵架是一种错误的说法，但是仍不建议把吵架作为处理问题的首选。亲密关系中的两个人应该习惯心平气和地去解决问题；不是谁一定要给谁道歉的问题，是两个人都要懂得去体谅对方，站在对方的角度去考虑问题。两个人在一起是相互平等的，既然选择了对方，就要好好去珍惜对方。无论是生活中鸡毛蒜皮的小事，还是在一些重大问题的取舍上，都要商量着来，矛盾肯定是有的，关键在于两个人怎么去对待。

如果争吵发生了、如果觉得彼此的关系是安全的，可以积极地去回应对方，可以发泄、可以吼叫、可以大声说出自己的需求和想法。或者也可以消极地反抗，比如离开那个情境。但是冷静下来后，彼此能主动地找对方聊一聊，可以相互拥抱，可以深入沟通，并尝试改善今后解决类似问题方式，这样你们的感情才会更深。

但是以下做法应该避免。

不要中伤对方。指名道姓地谩骂和中伤，是最不明智的一种吵架方式，只会残忍地在对方心中留下长久的伤害，把简单问题复杂化。吵架的时候也要想着对方，不能轻易说出伤害对方的话。而且不管有多生气，挥拳、砸东西等行为在吵架时必须绝对禁止，任何非言语的动作，只会让别人对你的印象越来越差。还有不要闹得人尽皆知，吵吵嚷嚷的让身边的人围观，甚至拉上一帮自己的亲戚或朋友，看似自己一方人多势大，实际上只会让双方更难堪，导致关系进一步恶化。哪怕真的剑拔弩张，也要找个"隐蔽"的地方。

不要分出对错。争吵时，记得提醒自己：意见分歧并不是谁对谁错的问题，只是看法不一致而已；认清了这一点，消除争端会变得容易很多。当时不要过于斤斤计较，非要分清楚谁对谁错。但实际上有时对方的确存在问题，即使如此也不要一味揪住对方的错误不放，要懂得巧妙地让对方知道自己的错误，而不是一而再、再而三地去强调，只会让对方越来越反感。

如果不是特别大的问题，就悄悄地解决掉，事情过后，再慢慢地找机会与对方交流，因为人在当时的情况很容易失去理智，只是为自己的面子而战，因此不会接受任何与自己相左的意见。此外，还要懂得去观察对方的表情变化，当对方出现了想要战斗的表情时，你可能需要思考是否要继续争吵下去。

如果没能接住对方的情绪，也要原谅自己在吵架中的各种反应。因为每种反应和情绪都是有意义的，在接纳中改变自己，同时也原谅对方的情绪和行为。承认彼此的不完美也是维系亲密关系的重要基础。

最后，分清自己和他人，注意界限。世界上只有三件事，自己的事、别人的事和老天爷的事。对方发脾气、感到生气，那是对方的事情，他要为自己的情绪负责，不必把对方的事情也包揽过来，自寻烦恼。很多争吵都是自己对自己的不满而迁怒于人，如果能认清，很多家庭争吵就可以避免了。分清自己和他人，不是逃避，也不是不承认对方的感受，而是认清"谁的情绪谁负责"，可以帮助对方去面对自己的情绪，但没有必要为对方的情绪负责。

非核心关系冲突

非核心关系冲突的解决一定在于核心关系。

婆媳关系

说到婆媳关系，在有些人眼里可能觉得，现在社会和旧时代是没有办法相比的。因为在旧时代都是婆婆说了算，儿媳妇只能服从，就算有意见，也不敢提，婆婆说什么是什么。这种相处模式下，婆媳矛盾肯定是存在的，但是在这里我们不去讨论。现在社会婆媳之间的相处模式发生了变化，因为儿媳妇的地位不断提高，而这并不代表两辈人之间的矛盾就此没有了，它不但存在，而且更激烈。

自古以来婆媳关系就是每个中国家庭必须面对的，处理得好可以各司其职，团结一致，把整个家庭管理得井井有条、和谐快乐；处理得不好，轻者只是家庭氛围不和谐，重者就是冲突不断，直接影响夫妻之间的亲密关系，最后演变成两家人的矛盾，结局就是分道扬镳。

◀ 矛盾的原因

凡是矛盾都是一个巴掌拍不响，所有参与婆媳关系博弈的各个角色都是有责任的，但其中身为婆婆可能责任更大一些。那么，婆婆的哪些行为容易让婆媳关系不和睦呢？

首先就是家庭界限迷糊。结婚是什么？就是你退出你的家庭，我也退出我的家庭，两个人组成一个新生的家庭。但是有很多人分不清原生家庭和新生家庭的关系，特别是婆婆，往往缺乏一个明确的界限。爱子之心人皆有之，对于占有欲强的婆婆来说，在原生家庭中，在儿子的成长过程里，她把更多的希望、更多的精力都倾注在了儿子身上，因为她对自己的老公很失望，就觉得以后只能指望儿子了。所以即使儿子成婚，她也始终无法接受儿媳妇进入儿子世界的现实。而且她可能也没有意识到在一个新的家庭中，进入儿子的领域意味着同时进入了儿媳妇的领域，这样很容易经常侵犯到儿媳妇而不自知。而对于儿媳妇来说，如果她希望完全掌握丈夫，让他只关注小家庭而不在乎原生家庭，这就很容易激发起婆婆的敌对。

其次是嫉妒情结。爱的争夺源自婆媳嫉妒，因爱而生的情感争夺。看到自己含辛茹苦养大的儿子，在结婚后却要照顾呵护别的女人，对于母亲来说，内心深处其实对儿媳妇是有一些嫉妒的。而对于儿媳妇来说，丈夫在很多事情上会重视婆婆的意见更甚于自己的意见，婆婆这种对丈夫的影响力，也会让她对婆婆产生嫉妒。

第三是资源争夺。这个资源就是儿子。婆婆希望儿子仍然是原来的儿子，而媳妇希望丈夫只是自己的丈夫。在婆婆和媳妇来看，哪一方多占有资源则意味着另一方就只能少占有资源。在这种对抗的关系中，丈夫必须既不让媳妇因孝心而受委屈，也不让妈妈因媳妇而吃醋，这种平衡是很难维持的。

此外，现在很多年轻夫妻经济压力比较大，特别是有了孩子之后，可能挣的钱不如花的钱多。作为长辈就需要对他们给予资助，这样对公婆的依赖就很大；即使在这种情况下，有些年轻夫妻的想法还比较天真，希望长辈接济，但是又不愿意接受公婆的管制。换位思考一下，如果你给人出钱，却一点儿话语权都没有，请问你愿意吗？这也是让婆婆不高兴的地方。

最关键的一点，就是夹在中间的男人不管事。婆媳之间有矛盾，罪魁祸首就是儿子。如果他会做人，就会协调自己老婆跟妈妈的关系，让两个女人都满意，她们也就不会有太大的矛盾了。如果他不作为、不管事，一副"事不关己高高挂起"的样子，那么这个家庭就永无宁日了。

◀ 定位很重要

网红papi酱曾在一档综艺节目里针对婆媳关系有一番言论，播出后引发热议，她说婆婆要把儿媳当女儿，但是儿媳却只能把婆婆当婆婆。所以微博上有了一个话题：对象的父母是亲戚还是家人？关于这个问题，相信每个人都有自己的答案。但有一个普遍现象是，女方的父母往往把女婿当成宝贝，男方的父母却未必心疼儿媳妇。尤其是婆媳之间的矛盾，更是每个家庭难以化解的。

其实papi酱的观点有些道理。作为儿媳妇，就算把公婆当成家人，公婆也未必能如你所愿。婆婆如果把儿媳妇当成女儿，就能给予她更多的理解和关心，而儿媳妇把婆婆当成婆婆就不会把自己最差的一面展现给她，如此一来婆媳之间的矛盾也就没那么深了。两个人结婚以后，对方的家人虽然是你的家人，但是保持一点距离还是好的。记得香港演员蔡少芬曾在节目中表示，和婆婆之间保持礼貌和距离是最好的，这样两个人既不会互相干涉，也能给彼此留下最好的一面。

◀ 媳妇、儿子更要做得好

虽然有了婆媳矛盾，作为婆婆要多多检讨，但是媳妇的一举一动更重要。首先，要以己度人，充分尊重婆婆。在婆婆面前要体现对老公的爱，这是一定的。但也要让婆婆知道你和老公一样爱她；要充分体现她对你们的重要，这样会让婆婆有种成就感，可以满足她的爱子心情。在婆婆面前要多说老公的好话，每个母亲都不爱听别人讲自己儿子的坏话；在婆婆面前一定要有肚量，因为一个母亲把儿子辛苦养大，结果却被你没多长时间就搞定了，心里一定会有些被抢走的感觉，所以要体谅这种心情。在婆婆面前要时刻站在婆婆一边，如果老公与婆婆之间有矛盾一定要批评老公、安慰婆婆。因为很多婆婆都会认为儿子的一些转变是因为有了媳妇，所以一定要让婆婆知道你是和她站在一条战线上，这样将来你有困难时她也会帮助你。

其次，婆婆不是妈妈。在婆婆面前一定要让她觉得你是她的女儿，怎么对自己妈妈就怎么对她。有时要学着在婆婆面前撒娇，在婆婆面前没必要那样强硬，眼里揉不得一点沙，要大事重视小事糊涂，这样婆婆会因为你的糊涂而担心你，更因为你有主见而佩服你。如果婆婆不讲道理也没关系，告诉她你们都是她儿子最爱的女人，你们的关系会直接影响她儿子的幸福。在自己妈妈面前有时可以有些小脾气，但对婆婆要适度，因为有可能引起婆婆的不满，会影响你和老公的感情。还要注意在婆婆面前不要和老公亲热，那样会引起婆婆嫉妒，也不礼貌。

第三，不要让老公为难。不要和婆婆有矛盾就和老公告状，那只能增加老公的苦恼，还有可能让夫妻的关系变得更复杂。自己试着和婆婆沟通，多和老公讲些和婆婆的开心事，他会更相信你的处事能力，会更加珍惜你。

最后，难事让老公出马。老人难免会有固执的时候，所以为了避免直接冲突，有些不方便说出来的话，还是辛苦老公，帮忙带带话。相信一个母亲对亲生儿子的要求都会认真考虑的。不管结果是好是坏，即使有问题，相信母亲和亲生儿子的矛盾总要比媳妇和婆婆的矛盾容易解决。

在婆媳关系里，老公是一个很尴尬的角色，一边是生养自己的母亲，一边是自己的爱人，两人在某种方面都是自己心目中最重要的人。每个人都有一种权属意识，很多婆婆和媳妇就喜欢争夺儿子这个重要的资源，所以老公要多承担起责任，做家庭稳定的压舱石。

首先，要学会两头瞒，不要两头传。作为一个男人，无论是在家庭聚会，还是面对外人，千万不要口无遮拦，老婆说婆婆不好、老妈埋怨媳妇不孝顺……本来只是女人发的牢骚，听一听也就过去了，不必当真。要是两头传，或是说漏了嘴就是纯属咎由自取、没事找事了。

其次，学会两头哄。要想处理好婆媳关系就要做一个细心的男人，逢年过节或者生日什么的一定要准备好礼物，不要想着贪功，一定以妻子的名义送给长辈，以老人的身份送给妻子，两个女人都是要哄的。

第三，给妻子最大的支持。妻子是自己选的就要信任她，最重要的是了解她，发生什么事要以她的脾性去想。一个女人只身嫁入一个陌生的家庭，只有你是她的依靠，所以要尽你的力量去守护她。有时媳妇难免会在老人那里受了气，你就不要再给她气受了。

最后，要勇于承担责任。当家庭里出了什么事，先不管是谁的错，都要第一时间出来承担，毕竟血浓于水，老人家再气也不会与你计较，可是一旦推卸责任，倒霉的必然是媳妇了，所以这个担子必须男人来挑。

和长辈生活

现在很多夫妻结婚后，只要有条件，一定是选择独立居住。如果没条件，可能会和自己的父母生活在一起，特殊情况下还会和其他老人住在一起，这种选择实在有点儿无奈。两代人、两个家庭生活在一个屋檐下，难免会擦枪走火，集体生活怎么过还真是个大难题！

◀ 合适不合适，自己说了算

一项关于"婚后你愿意和长辈同住吗？"的调查结果显示，近六成网友婚后不愿意和长辈同住，觉得对彼此都不好。当然，如果长辈坚持的话，四成网友会选择妥协，超四成网友会选择想其他办法、委婉处理。其实凡事都有利弊，和长辈同住也是如此。

和长辈同住好处还是不少的。

生活上有人帮忙打理。作为年轻夫妇，相信大部分人不会坚持每天专门抽出时间打扫房间或是天天做饭。但是如果和长辈住在一起，相信这些问题都会迎刃而解。除了会帮助分担家务，家里的卫生自然不用担心，回家也可以吃到现成的饭菜。特别是有了孩子后，这个福利就会迅速升值。老人可以帮忙带孩子，尤其是上学以后的接送和孩子的三餐。在这方面，对于年轻夫妻来说是个非常实在的帮助。有了老人的鼎力协助，小夫妻才能保证家庭、事业两不误。此外与老人同住可以省下很多开销，很多花费通常父母都会帮孩子省下来或者补贴到家庭生活中。

同时，还省去了节假日探望长辈的奔波。住在一起的话，就不用每到周末或是节日放假时专门去探望长辈了。当然还方便照顾长辈。如果长辈身体不太好或是上了年纪的话，和他们一起住，作为儿女也更方便照顾他们，特别是年纪比较大的长辈，这是不可避免的。有些人和父母的感情比较深，也喜欢上有老下有小其乐融融的生活，从小到大都是和长辈生活在一起，婚后还是如此就更有情感上的寄托。

至于小夫妻不愿与长辈同住的原因，主要集中在这几个方面：

自由空间少，不能享受二人世界。如果和长辈一同生活，那么二人世界基本就不用想了，这和有孩子是一样的感受。特别是想在家里搞个什么小浪漫，碍于长辈在家也不好实行，最好的办法只能是借机出去。夫妻总是希望有点自己的私密空间，和长辈同住的确有诸多不便。

两代人生活习惯不同，难以磨合。毕竟是曾经生活在两个家庭的人，也是经历了两个时代生活洗礼的人，之间存在着代沟和不适应在所难免。不仅夫妻之间本身存在磨合的问题，晚辈和长辈之间也存在磨合的问题（即使是和自己的父母），两家人之间更是存在磨合的问题。如果天天生活在一起，长此以往会带来摩擦，尤其以婆媳关系更甚，处理不当必然会导致家庭矛盾的产生，由此搞得双方都生活得不开心。

老年人的作息说不上规律，但由于没有什么特别的事情，生活节奏普遍比较慢；而现在的年轻人都工作忙，生活节奏快，要想合拍比较难。即使很简单的吃饭也是如此，我有位年轻同事的婆婆就愿意一天三顿给孩子做饭，而说到早饭，我这同事就头疼，因为她有失眠的毛病，凌晨才睡的她到了早饭的时候正是睡得好的时候，为了这个早饭没少发愁，好在婆婆深明大义，不再要求。还有生活中其他琐碎的事，每次产生矛盾都要花时间和精力去解释，如果遇上强势的父母，就总会以"不知道生活的基本道理"或"故意违背长辈的意愿"为理由横加干涉；如果遇到并不强势的父母，也会搞"曲线救国"，很多事不和你争论，但依然我行我素，让人非常头疼。

此外，对于大多数家居条件不那么理想的家庭，生活的不便往往更容易产生尴尬。比如儿媳和公公婆婆，女婿和岳父岳母毕竟都是隔着一层的亲人，天天住在一起，必然会引起一些尴尬。经常会看到很多网友讨论在家里穿衣服的问题，比如到了夏天或是晚上洗完澡之后，有的说婆婆、有的说公公，穿着随意，搞得极为不适。

其实以上问题都只不过是思维观念存在的差异。思维差异是与长辈合住最核心的问题。如果说生活习惯只会导致两代人生活上不方便、不开心，那么思想观念的差异会让两代人在心理上极度抑郁。这种差异时间长了，就会一触即发，蔓延到所有问题上，造成不可调和的家庭矛盾；就像很多父母，口口声声说是为了孩子好，最后却成了破坏孩子幸福的始作俑者。只是因为思维方式有差异以及固化了的旧观念，导致最后总是好心办坏事。

有了孩子后，这种差异还会导致隔代教育的很多问题。因为观念不同，在孩子的教育方面必然会有分歧，两辈人很容易对孩子的教育问题发生家庭大战，不但影响家庭和睦，还会导致孩子"见人下菜碟"，利用家长之间的矛盾取利，最终也不利于孩子的成长。

◀ 婚姻关系才是集体生活的压舱石

很多人抱怨婚后与长辈相处困难。其实，在婚姻当中夫妻关系是影响其他关系走向的最重要的因素。要明确一个根本原则，即**婚姻关系要先于亲子关系，这是不可动摇的，这与是否孝顺没有多大关系**。这种集体生活主要的问题还在于长辈的角色和定位出现偏差，中国式的父母习惯了与子女纠缠共生的相处模式，即使孩子已经组成了自己的家庭，父母还是习惯性的管东管西。他们习惯于以给予者和管教者自居，殊不知子女所组成的家庭是一个全新的家庭，而不是各自原生家庭的分支。夫妻首先要明确这一点，且要达成共识，同时必须通过行动向长辈传达这一主张。

在孩子教育和重大家庭问题上，夫妻要和父母表明自己的家长和主人地位，和父母约法三章，规定好哪些事是夫妻要独立解决的，哪些事是可以和父母共同商议的。在这个家庭中，长辈只有建议权、没有决策权，只能是顾问、不能是教练。因为有时就会出现这样的问题，貌似站在你的立场为你考虑问题、是对你好，但实际上并非如此，比如对孩子的教育有时出现差异也不仅仅是出于所谓的固有观念，其实也是在有意无意间争夺孩子的关注权。所以夫妻之间必须同心，不能出现因为家庭问题、孩子教育问题而破坏夫妻感情的状况，更不允许出现夫妻一方和长辈联合起来对另一半讨伐的局面。

但既然生活在一起就要尽量和谐融洽，所以在树立基本原则的基础上，做好沟通、搞好关系也非常重要。

沟通的目的并不是说服对方，而是坦诚相待、增进彼此间的深入了解，最终达成共识。首先，要学会控制自己的情绪，不管长辈说的是什么，要尽量耐心去听完而不是着急反对他们的观点。因为一旦反驳，不管你说的是什么，代表的就是对抗的态度，这样只会激化双方矛盾，并不利于达成共识。尽管难免会有龃龉、矛盾，作为晚辈尽量以包容、理解的心面对，即便有时老人做得不对，也要大度宽容一些，毕竟是一家人。

其次，要改变和父母说话的方式，不要总是直来直去，比如当父母又唠叨讲大道理来试图说服我们时，不要第一时间说烦，要既顺着父母的话去说，又表达自己的主见和能力。都说家不是一个讲理的地方，而是一个讲情的地方，所以不建议和长辈讲太多的道理，如果他不认可你，道理也是白讲的，你也无法改变他们的想法，只会伤了和气。与其让沟通充满了破坏性，倒不如开开玩笑，巧妙地避开话题。适当地调侃一下他们、跟他们开开玩笑，将生活的气氛带动得更加欢乐，这样沟通也不会变得那么僵硬。

所谓"家家有本难念的经"，每个家庭的情况不一样、每个人的思维方式也不一样，需要结合实际情况去思考，然后相互商量着作出决定。最终的愿望还是家庭幸福、人人开心！

与对方家人相处

大家都知道，婚姻和恋爱完全是两码事，恋爱的要求很简单，就是选择一个自己喜欢的人在一起，不妨碍别人就行。但是婚姻却需要考虑很多，一段契约关系的建立从来不是儿戏，也不是荷尔蒙之间碰撞后的片刻欢愉，而是两个人、两个家庭从三观到行为上的契合。你选择嫁一个人的同时，也是嫁给一个家庭；同样，选择娶一个人，也要考虑到对方的家里人，难度真的不小。难怪许多人只恋爱不结婚，也和这种融入家庭的恐慌有关系。

◖ 先过好认知这一关

伴侣的父母对你的态度以及你对伴侣父母的态度，都会在一定程度上影响夫妻关系，处理不好，想"躲进小楼成一统"是不可能的。其中的关键是设计合理的预期，别把伴侣家人当作自己的假想敌，也不必当作自己的家人。必要的心理距离是需要的，太过于不分彼此也不提倡。

至于两个家庭如何相处，除了要用心付出，彼此需要心知肚明的还有对方的付出、对方的用心，从来不是因为你有了一个身份就可以理所当然地接受，更不是一句称呼就能填平所有的沟壑。对方的在乎只是因为爱屋及乌，因为在乎自己所爱的人，所以对方选择了一个合适的距离、一些贴心的举动，只想彼此的关系更融洽一些而已，所以要做的就是投桃报李。

◖ 还有夫妻这一关

有些夫妻之间会存在这种情况，由于双方的家庭条件差距比较大，就让一方骨子里觉得优于对方。所以在夫妻的相处模式中，一方总是高高在上，指点伴侣做这个做那个，而且有时话里话外透露出看不起另一半家人的意思。表面上看来，他们之间的婚姻也没什么大问题，无非是一方强势了点；但是往深入分析，一方对另一方家人的不满，其实也是对另一半的不满。

夫妻之间如果真的彼此相爱，不会看不起对方的家人，一方家境不好，对方反而会更加照顾他和他的家人。伴侣对待家人的态度是婚姻里最大的照妖镜，照出夫妻之间的地位，也照出了自己在对方心里的地位。

另外，不要把双方的家人牵扯进夫妻之间的矛盾里。在很多不幸福的婚姻里面，除了有一个不好的伴侣，还会有不够称职的父母。父母对儿女的婚姻，最好的态度是体面退出。父母关心子女没有问题，但是如果过分关注就成了束缚，而子女也别动不动就把家人牵扯进矛盾之中。

遇到问题时不要逼迫对方在家人和自己之间做出裁判和选择。血浓于水，用亲情和爱情做交换本身就是不现实的，即使选择了也是对另一半的伤害，而且这样做非常愚蠢；也不要因为对对方家人的不满而惩罚对方，实际上这不过是一个借口，掩盖了不爱对方的事实。

◖ 不要犯了忌讳

在和对方的家人日常沟通时，特别要注意不要犯了忌讳、出现以下硬伤。

第一，弱点禁忌。老话讲"揭人别揭短"，言外之意就是不要提及别人的弱处，这样会激怒对方，不管是有意还是无意的。和伴侣家人相处之前，首先要做些摸底工作，了解家中相关人等的情况，特别是禁忌的内容；同时面对其他人的所作所为也要善于发现对方身上的闪光点，保持善意，不要戴着有色眼镜看人，总是挑剔不满，这样就能够融合姻亲关系，还有利于夫妻亲密关系的发展。

第二，说话禁忌。主持人蔡康永说过："如果我们稍加玩味我们的说话内容和说话方式，会比较懂得别人是怎么形成对我们的印象、怎样定位我们在他们人生中该占的比重。"可见，学会如何说话很重要。和伴侣家人说话时，不要肆无忌惮，觉得都是一家人，可以无话不谈，理应了解他们的性格特点和行为习惯，比如有的家人不愿绕弯子说话，有的家人特别注重礼貌尊称等。此外，讲话时还要注意伴侣的切身感受，不同场合要掌握分寸，不方便的话不能和外人说。

第三，金钱禁忌。"谈钱伤感情"是国人的一致认同，在婚姻家庭中，当和伴侣家人之间触及金钱问题时，要谨慎对待，一般要坚守两个基本原则：一是借钱要有字据，按时归还，亲情和金钱是两个概念，不要觉得理所当然；二是关乎金钱利益问题，要和伴侣在承担上达成共识，不要抹不开面子，胡乱答应，留下后患，也容易造成夫妻矛盾。

第四，家务禁忌。和伴侣家人相处，势必会遇到五花八门的家务事，对此自己这个外人不要妄加评论，也不要过度掺和，觉得"都不见外，为了对方好"，而应保持交往界限和心灵距离，以避免出现"好心办坏事"的下场。

◖ 有界限感最重要

在和对方家人的相处中，如何既保护好自己小家的利益，同时又不伤和气，尽量保持必要的和谐和平衡，确实需要生活的大智慧。有几点在这里交流一下。

首先，如何处理和对方家人的界限。比如妯娌经常来家里吃饭，这件事怎么办？一家人偶尔来做个客、吃个饭是可以的，但是把自己家当食堂就不合适。保持和气不是建立在一方忍气吞声、被迫奉献的基础上的，所以需要晓以利害，这件事已经严重影响到自己的家庭生活了。办法可以稳妥，但问题一定要解决，态度一定要坚决。一家人的基础是比外人更能体谅自己人，而不是变本加厉地占自家人便宜。当然可以想象一下构建这个界限的结果，自己可能会被孤立，包括自己的伴侣在内，就不要说对方的父母、其他亲戚了，从此你就成了被敌视的人，而且还会被冠以外人的标签。所以这件事的关键不是方法、结果，而是有没有决心因为这件事而在家庭中树敌，甚至会影响到亲密关系和婚姻状态，这是需要认真评估的。这么做很有可能妯娌不高兴，还会牵扯一帮人做说客，甚至在道德上搞绑架。但是界限是需要树立的，这是很多人的软肋，如果自己的利益自己不维护，为别人委曲求全，别人也不一定念你好。

其次，怎样保持正常的交流。作为一个外人介入，和对方的家人肯定不熟悉，所以就会出现误解，甚至是猜疑，这很正常。可以通过有效沟通表达一下自己的想法，听听对方的想法，总之说清楚了，不要误解就好。很多问题源于不沟通，自己瞎琢磨，建议直接和对方沟通，把自己的想法如实地和对方交流，当然要注意方式方法。但是不要拐弯抹角，也不必委托谁去讲。家里的很多事情就是抹不开面子，所以不说实话，还牵扯进很多人，即使搞这么复杂，最后还是闹得都不高兴。

最后，遇到矛盾怎么办。如果伴侣和家人发生小摩擦，我们要做的不是逃避，更不是熟视无睹等一切平息，要知道问题一天没有解决，那就还是存在的，我们要做的是了解原因，"客观"两个字说起来容易，要想真正做到有些困难。两边都是爱你的人，对我们来说都是重要的存在，这时候我们不应该拿"孝顺"或者"迁就"来袒护任何一方，因为父母和伴侣最大的桥梁就是我们，他们能做到的、会做到的只有爱屋及乌，从来没有无缘无故的爱，等关系建立后，一切合适的契机都出现后，我们不应该因为过多的羁绊和牵扯，让这层关系蒙上灰尘；而是要让彼此的心近一些，时间和空间上的距离远一些，多一些念叨、少一点唠叨。少一些琐事上的不开心，保持一个适当的距离，才能让彼此的关系更融洽。

他的朋友们

很多人，特别是女性，都不太待见伴侣的朋友，给他们的评价基本都是负面的，比如"狐朋狗友""酒肉朋友"。根据调查，有四分之一的女性不喜欢伴侣的朋友；但是要让另一半在友情和爱情之间做选择，其实是一件不现实且残酷的事情。那么，"如何求得双全法，不负如来不负卿"呢？

◖ 为什么是个问题

有一个好消息，一个坏消息。坏消息是你不喜欢的伴侣的朋友可能会与你终身相伴，但好消息是你不想与他们走得太近是对的。一项研究发现，如果中年男性的妻子和他们的朋友太熟，中年男性性生活糟糕的可能性更大，因为他们的男子气概因此而受损了。研究人员得出结论说，男性和自己的另一半共享社交圈可能会导致勃起功能障碍。康奈尔大学的这一研究发现，如果中老年男性的妻子和他们的朋友相处得比自己还好，中老年男性的性生活就会受到影响，这种现象被称作"另一半插足"，也就是另一半插足于男人和他的朋友之间。

该研究的主持人本加明·康威尔教授说："那些妻子插足于自己和朋友之间的男性更可能发生勃起障碍或无法长时间勃起，而且更难在性生活中达到高潮"。研究发现，另一半插足会有损男性在自主权和隐私方面的安全感，而这对传统的男子气概很重要；这会转而引发和伴侣的公开冲突或对伴侣的不满，以及伴侣吸引力的下降。

研究报告作者称，妻子组织家里的大部分社交活动并没有什么错，因为女性一般做事更有条理。但是他们补充道，减少男性和他的朋友的联系，甚至所有的社交活动都是夫妇两人一同参加，这是不健康的。研究人员指出，其实所谓的"男性聚会"是件好事。他说："关键问题在于妻子是否在减少他和朋友的接触的同时，增加了她和这些朋友的接触。"比如"她改动他的社交日程表，让他和他朋友的接触越来越多地发生在夫妇两人一同出席的饭桌上。""一个男人可以与和妻子或女友不熟识的朋友打一圈高尔夫或小酌几杯，这一点对于男人在日常生活中保持一定独立性是很重要的。""如果他每次和朋友见面都必须带上妻子，或他的妻子开始独占他的朋友，这时候问题就会出现了。"

当然，作为女性，要求自己的伴侣过多参与自己的社交活动也不是一件多么值得鼓励的事情，腹黑一点，这增加了多少让自己的伴侣出轨自己的"闺蜜"的可能性啊！

◗ 如何解决

首先，要对自己的伴侣诚实。应该明白这一点，你可以挺过和伴侣的朋友之间的紧张关系，但是伴侣之间的关系却可能难以忍受。即使你试图在伴侣的朋友在场时，用一些令人赞赏的表演来掩饰，但你的伴侣最终会注意到的。你最好坦白，温柔地告诉对方真相，告诉他到底是什么让你心烦。如果你认为朋友是一个坏的影响，或者你不喜欢你的伴侣把朋友们的重要性置于你之前，那么就公开和诚实地解决它。

其次，找出你不喜欢伴侣的朋友们的根本原因。他们做了什么冒犯你的事吗？当你的伴侣在你身边的时候，他们是不是完全不同？他们会介入你们的关系吗？准确指出困扰自己的问题将帮助你冷静而理性地解决问题，区分你不喜欢他们是因为他们做了什么，还是因为伴侣之间的关系，这很重要。无论哪种方式，你的感觉都是合理的，但你不想把你的愤怒误导到朋友身上，而解决办法可能就在自己身上。

第三，设定界限。妥协是解决冲突的关键。通常，减少与你不喜欢的人的接触比完全断绝与他们的联系更有帮助。比如当伴侣的生日甚至是你们的婚礼，你将不可避免地见到他的朋友，但你不必参加每一次活动或聚会。如果你需要，那就指定一个特定的约会夜晚或单独的时间去参与其中。但伴侣之间也必须给对方一些空间，分开一段时间对亲密关系非常有益，所以一定要为对方和其朋友们留出时间。

总是有些人非常希望管理自己伴侣和朋友之间的关系，这就陷入到了界限不清的局面，即分不清这是自己的问题、那是别人的问题，总是试图进入别人的关系中实施干预或管理，而名义上几乎都是为对方好，其实是越界了。这不仅体现在夫妻关系中，还可能体现在与子女的关系中，以及亲情关系中，比如孩子找什么样的对象、家人应该和谁交往等，总是试图越俎代庖，但最终根本无法承担别人的后果。

最好的方式是和伴侣之间就这个问题达成协议，至于对方和他的朋友如何相处，需要对方自己管理，这就划清了界限，彼此相安无事。除此之外，希望在其他类似问题上也能够厘清，至少不会有这么多烦心事，也避免了不必要的冲突。

最后，不要下最后通牒。无论如何，都要克制让你的伴侣在你和他的朋友们之间作出选择的冲动。无论生活中有这些朋友是多么让人难以忍受，你最不应该做的就是控制。你的伴侣可能会失去所有的朋友，更糟糕的是，你可能会失去对方。尊重伴侣对朋友的选择很重要。这种友谊可能对你来说没有意义，但显然在某种程度上对你的伴侣有益，对他的朋友们来说也有意义。

◖ 交往怎么办

如果不喜欢伴侣的朋友，首先，一般不出席有这个人的场合，因为伴侣之间都会有自己的圈子和空间，也许对方的这个好朋友和自己的价值观不一样，从而有一些分歧导致不太喜欢。但是对伴侣而言，他的好朋友可能和他在某些方面十分投缘、相处融洽。不打扰便是了，可以尽量减少与他们碰面的次数以及缩短与他们相处的时间，尽量不去参加聚餐、唱歌等这种长时间聚在一起的活动。

虽然大家都具有面对自己不喜欢的人也能表现得很亲近的能力，但是装样子也是蛮费劲的，所以还不如去干自己想干的事，何必要令自己不愉快。当然也有无法逃避的场合，比如伴侣过生日，如果是这样，一定要装作很友好的样子。如果确实不喜欢这个人也无所谓，成熟就是把看不顺眼的人看顺眼。

其次，如果是在伴侣的要求下必须聚在一起见面，可以把时间留给他们交流，不过多地去涉及他们的话题，然后一直保持微笑，微笑地沉默着，中间偶尔附和几句，不会完全对不喜欢的人表现出冷漠来，从而让大家感觉到尴尬的气氛。你们可能永远不会成为最好的朋友，但也不需要树敌。为了自己的伴侣，继续努力吧！如果真的认为他们是有害的，那么所能做的就是让伴侣从自己的角度看问题。

最后，找到共同点。也许伴侣的朋友们给你的第一印象很差或者给过你几个不好的印象，但是给别人一个公平的机会总没有坏处。真正地倾听并了解他们，这样就能发现他们的一些共同点或共同的兴趣，可能一开始不太顺利，但这并不意味着不能礼貌地对待对方。如果他们关心你的伴侣，你也应该关心他们，反之亦然。

关于早恋

中国现代文学家郭沫若在翻译的《少年维特之烦恼》中这样说道："青年男子谁个不善钟情？妙龄女人谁个不善怀春？这是我们人性中的至洁至纯。"可是它在许多家长眼中，可没有这么美好，甚至被当成了洪水猛兽，是挡在孩子学习面前的拦路虎，而且还用了一个似是而非的概念——早恋。所以这里至少有两个问题需要讨论：如何定义早恋？早恋是否要提倡？我们的态度是：在进入青春期之后的早恋是正常的，是需要引导的，而不是被打压的，但是不鼓励上小学的孩子出现那种莫名其妙的恋情。

一般的早恋有一个重要特征，就是常与青春期相伴。谁都经历过青春期，谁也忘不了自己的青春期什么样：叛逆厌学、逆反心理强、视家长为仇人；偏执、抵触父母、容易激动、情绪反应激烈、总是和家长唱反调；容易激动、乱发脾气、虚荣心强、听不进正确的意见与建议；经常旷课、迟到甚至逃学、屡次挑战老师和家长的底线；天天玩手机，一提到上学就恶心、头昏、乱发脾气甚至歇斯底里……与之伴随的就是青春期的性萌动。

在大家的认识中，缺少家庭温暖和爱护的学生才容易早恋。的确，这些孩子见证了父母感情的破裂，在他们离婚的情况下得不到温暖，从此生活在一个冷漠、压抑的环境里。于是，在寻求他人温暖的同时，又遭遇了青春期，所以来自异性的抚慰正好可以弥补这一点，让他们尝到了爱情的甘甜。但是不要认为只有所谓的"坏孩子"才会早恋。更为重要的是，所谓早恋恰恰是人类构建亲密关系的初始阶段，应该引起高度的重视。

青春期里的性什么样

按照国际公认的标准，青春期的范围为 11 ～ 19 岁，也有人根据青春期的身心成长和发展，又把青春期分为青春前期、中期与后期。孩子成长到了青春期，身体的迅速发育带来心理上的不适，就会出现很多叛逆行为。青春期是个体由儿童向成年人过渡的时期，通常人们把青春期与儿童期加以明显区分，区分的界限是性的成熟。对于男性来说，性成熟的标志是遗精；而女性是月经，即第一次来月经。以性成熟为核心的生理方面的发展，使少年具有了与儿童明显不同的社会、心理特征。

青春期的心理变化突出表现在两个方面：一是由于神经调节和激素调节，身体迅速生长，新陈代谢旺盛，爱动不爱静，易感情用事，易冲动，自我意识的发展和强烈的自尊心促使他们不愿服输，总想展示自己；另一方面是开始对性知识发生兴趣，对两性关系有了朦胧意识，但又不十分清楚，对异性产生好感，出现性意识的萌动。由于青少年身体的成熟早于思想的成熟，往往会在一些问题上出现困惑或不健康的想法。若得不到正确引导，他们可能通过不正当途径来探讨有关两性知识，从而受到毒害。

青春期性意识的发展大致需要经过三个阶段：

异性疏远期。发生于青春前期，男孩和女孩开始明显地意识到彼此的差别，使他们感到陌生与不安，又由于对两性知识的缺乏，因此在异性面前会产生一种害羞或畏惧心理，从而彼此疏远。因为不知如何处理与异性之间的关系，所以表现为男女之间泾渭分明，通常男生一群、女生一伙，彼此不相往来，即使接触和交往，也非常勉强、不自然。有时必须坐到一起，相互之间也会保持一定距离，井水不犯河水。即使是童年时代很好的异性玩伴，也会明显减少往来，在来往时也表现得很不自然。此时更多的是同性接近、志同道合、情趣相投。当然，有些男孩和女孩的疏远期不明显或是根本就没有。异性疏远期是人类青春期正常的心理状态，它既短暂，又是异性相吸心理的前奏。

异性接近期。发生于青春期中期，在青春期的发展中，经历了异性疏远期后，男女之间又有了一种喜欢接近的需要，异性相吸在这一阶段开始表现出来。随着心理发育日益成熟，思维不断开阔，见闻日益增多，对性已有初步了解。出于人性本能，异性之间产生了彼此接近的欲望，少男少女彼此怀有好感，彼此之间愿意接近。但他们之间的交往又变得敏感和谨慎起来。不少中学生开始对自己的外表格外关注，对于异性给予的评价也十分留意。少男少女喜欢创造机会相互接触，喜欢一起学习、玩耍；喜欢与有好感的异性多接触，有一种说不出的滋味，这些都是正常的健康心理表现。

向往异性期。随着对异性接近心理的发展，男孩与女孩开始对异性产生好感，并进入进一步亲近、了解的阶段，即原始恋爱期。这一时期的爱慕并不像成年人的爱情那样具备丰富而有意义的精神生活。这种恋爱是单纯的，甚至连青少年自己也无法解释明白为何产生对异性的喜欢。

青春发育完成进入成年阶段后，恋爱期就正式开始了。青年把友情集中寄予自己钟情的一个异性身上，彼此常在一起，情投意合，在工作、学习中互相帮助，生活中互相照顾体贴，憧憬婚后的美满生活，并开始为组织未来的家庭做准备工作。女青年常充满浪漫的幻想，向往被爱，易于多愁善感；男青年则有强烈爱别人的欲望，从而得到独立感的满足，他们的心情往往比较兴奋。

在青春期，大家习惯于用"叛逆"这个词来形容孩子们的表现，其实是有点问题的，这是从正统和父母的角度来评价的，你不听话了就是叛逆了。但从孩子发育的角度说，青春期是他重新认识世界、面对世界的转折期。他开始独立思考，开始用以往不同的视角去重新看待以往以及未发生的事情。加之生理的变化，他开始希望以一种新的方式去生活，所以不管反应有多大、行为有多么对抗，其实谁到这个时候都必然经历这样一个觉醒的阶段，差异也就只是表面的不同而已，骨子里都是一样的。伴随着身体的发育，在人生转变的这一重要时期，一定要把亲密关系这一课补上来。

◀ 理性处理早恋

早恋问题的确是青春期的典型问题。如果家长觉得自己的孩子遇到了这一问题，还是要先问一下自己，自己的孩子是真的早恋了，还是自己觉得孩子早恋了；在这个事情上是否达成了共识，还是自己剃头挑子一头热。

家长可能觉得孩子肯定不承认，是嘴硬，但也许就是和自己的理解不一致呢？现在的小孩更开放，认知和家长们的年代肯定是不同的，所以还是要努力达成一个共识，这是真正解决问题的关键。如果孩子不接受、不认可，即使屈从于家长的压力，也就是表面上让你看不出来，转入地下了岂不是更难管？而且这个年龄本身就容易逆反，你不让他做什么就偏要做什么。本来不是多大的事，让家长这么一干预，还就较上劲儿了，非要做出个样子试试，最后鸡飞狗跳、于事无补。

要和孩子以朋友的身份客观地、不带主观判定地谈一次，不定义为早恋，而是摆事实，比如和谁走得比较近，学习成绩似乎有些下降，老师反映他上课精力不集中等，强调彼此有感情也不是什么不得了的事，但是确实对学习有影响，表示出自己的担忧、提出自己的期望，但前提是尊重这个感情，一起共同探讨如何实现平衡，不要忙着谈取舍，即使确实影响学习了，也要敢于让孩子自己拿主意，要相信孩子不会荒废学业的，至于是否会分手，何时会分手，让孩子自己做决定！还是那句话，孩子只有自己想清楚了才能断根，大人的做法似乎很快，但治标不治本，反而遗患无穷。

从更长远的角度思考，这是帮助孩子去开始构建亲密关系的好机会，而不要因为要他做个好孩子、不要耽误学习而错过这样一个难得的机会。很多家长对于孩子成年后在恋爱成家方面的表现大为不满，总是觉得亲密关系的构建是自然而然的，殊不知没有关键时期的培养，就不会出现水到渠成的结果。

所以一定要尽早介入这件事，作为家长不是只负责孩子身体健康的保姆，不是只督促孩子学习的监护人，应该是孩子人生的成长导师，而亲密关系绝对是需要引导的，当然很多家长也要补课，这也是很多家长的短板。

性教育

虽然现在的中国社会在性多样化方面比以前明显开放，从国家层面也对相关内容进行了较为系统地教育和宣传，但结果似乎并不理想。这种性启蒙缺失导致的后果之一是年轻人中的艾滋病毒携带者人数急剧上升。在青年学生艾滋病疫情当中，近五年 15 ～ 24 岁青年学生中艾滋病病毒感染者的年均增长率已经达到35%。青年学生艾滋病以性传播为主，主要是男性同性性传播。

就以上状况，世界卫生组织驻中国代表施瓦特兰德说："这一方面体现了社会的开放，是件很好的事情，但同时也表明，性启蒙教育跟不上新时代的发展步伐"，这一点令施瓦特兰德感到担忧。另外，他表示，性启蒙的缺失还给年轻女性带来其他问题："中国每年有大约1300万个婴儿被堕胎"。

更令人担忧的是，由于性是构成亲密关系的重要因素，性教育的缺失则意味着亲密关系的构建必然也是残缺的。这是很多家长还来不及重视的问题，也为孩子未来自我构建亲密关系埋下了隐患。

◀ 要形成正确的观念

一切的基础在于意识上形成对性的正确观念。

首先，要接纳自己的身体、接纳自己的感觉。因为这一点与孩子将来的自身幸福密切相关。我们知道亲密关系健康的人更容易获得幸福，而亲密关系是否健康与性其实是密不可分的。然而，受传统文化的影响，人们往往认为性是肮脏的、是下流的、是让人羞耻的，而这种观念也严重地影响了亲密关系的塑造。

在西方国家，曾有一个非常优秀的女性这样抱怨："我的外婆脾气暴躁，我的母亲是专业人士，我也非常优秀，考入名牌大学，我们家的女性都非常有吸引力。但是，我却一直活在一夜性中。这些一夜性既没有互动，也没有感情，更没有责任感，对此，我感到非常苦恼。"为什么这样优秀的女性也会存在这样的行为呢？原因很简单，因为这个女孩一直认为自己是个很厉害的女强人，而女强人往往活在理性中，很少谈感觉。

但是婚姻就是要谈论感觉、接纳自己的感觉。那为什么她们不谈论自己的感觉呢？原因有两种：一种是她们不需要这种感觉，另一种是她们不知道如何谈论这种感觉。人可能不需要婚姻，但如果涉及亲密关系，大概是需要这种感觉的。因为这是大自然设定好的程序，这种感觉让人觉得温暖，从而繁衍生命。所以，真实的原因只有一种，就是她们不知道如何谈论这种感觉。

那为什么她们不知道如何谈论这种感觉呢？答案很简单，因为没有人教育她们如何谈论自己的感觉，不仅如此，受社会环境的影响，这种感觉还被认为是肮脏下流的。在这种背景下，她们不仅不会谈论这种感觉，甚至还会压抑这种感觉；但是一旦某种情绪或是感觉被压抑，它们就会通过其他方式表现出来。

比如，她们会认为自己的性器官是肮脏的。据一份调查显示，大约有四分之三的女生会定期剃光阴毛，因为剃光阴毛会让她们觉得自己的身体更干净。还有一些更极端的案例是一些女性进行阴唇整形术，据研究显示，这项手术在青少年女性中是增长最快的美容整形手术。然而这项手术并没有任何医学意义，不仅如此还会带来非常多的负面影响，比如疼痛、麻木以及性快感的减弱。所以，性教育中要让我们认识到身体非常重要，而比认识我们身体更重要的是接纳我们的身体，同时接纳性感觉。

正确认识自己的性器官。不知道大家有没有发现，在生活中，对于男生的性器官，我们很容易就说出来，比如以前叫"带把的"，现在叫"鸡鸡"；而女孩，我们很少会对她说性器官叫阴道或是其他代名词，即使说出来也都是较为粗俗不堪的。很多家长更是对此讳莫如深，从来不对自己的孩子讲这样的内容，而孩子们知道这些信息大部分是通过自己的渠道获取的。

正确认识性行为。性行为并不肮脏，它包含热情、喜爱、情欲的激发、欲望、爱抚和亲密行为。它作为人类太正常不过的事情，却被我们小心翼翼地隐藏了起来，所以更容易被曲解。对性行为有了正确认识，你才会知道谈论它并不是为了炫耀、鼓励谁不断积累性经验，而是在拥有亲密关系后能和伴侣一起以此交流爱的感觉。

最为重要的是，要知晓与性关联的情感责任。孩子不仅需要从生理的角度了解性，也需要了解与照顾、关心和责任紧密相连的性关系。通过和自己的孩子讨论性关系所包含的情感成分，可以帮助他在未来的生活中更好地作出决定并承受来自伴侣的压力。如果你的孩子已到青春期，你需要告诉他们性行为中包含着的责任和后果，比如和 11、12 岁孩子的谈话应该包括意外怀孕和怎样保护自己等内容。

◖ 学会保护自己

即使充分理解了性的意义，也要学习在纷乱的世上如何从容面对性侵害。要注意保护自己的身体这件事，千万不要到青春期才讲，青春期更重要的是保护自己不会受到性侵害。根据"女童保护"网络监控数据的不完全统计，2013 ～ 2015 年的三年间，全国各地被媒体曝光的性侵儿童案共 968 起；其中受害儿童超过 1790 人，而这一数据尚不包括表述为"多名儿童"等概数的情况。这仅是基于公开报道的数据，事实上，社会与学界的共识是，诸多主客观因素造成大部分性侵儿童案难以被公开。

著名犯罪心理学专家、中国人民公安大学教授王大伟表示，性侵案件，尤其是针对中小学生的性侵害，其隐案比例是 1∶7。换言之，一起性侵害儿童新闻曝光，或许意味着 7 起案件已然发生；而在这些性侵案中，熟人作案高达七成。在 2014 年曝光的 503 起性侵儿童案中，熟人犯罪 442 起，占比 87.7%；在 2015 年曝光的 340 起案件中，熟人犯罪 240 起，占比 70%。所以，作为家长一定要教会孩子远离伤害源，以及在危险来临时如何保护自己。而这一点绝不能让孩子通过自己的方式去了解，更不能以付出代价而获得。比如要知道自己身体是有隐私部位的，背心和内裤覆盖的地方不许别人触摸。如果有人要求看或想触摸这些部位的话，必须予以拒绝，哪怕是所谓亲近的人，遇到这样的情况一定要告诉父母。同时，需要注意的是，性侵害不仅仅发生在异性之间，也存在于同性之间等。

◀ 怎么交流

现在的学校教育对性教育这部分是非常重视的，但是容易泛泛，也只能点到为止，针对性肯定不够。建议家长这样做：

首先，对孩子的性教育不能只从青春期才开始，还要尽早，以此循序渐进。而到了青春期还要大力加强，并做一些针对性的辅导。因为如果在青春期前没有和孩子形成比较亲密的交流机制，他们长大之后这个沟通窗口基本就关闭了，而且还有更多比性教育重要的东西依赖这种机制。因此越早形成有效的交流机制，对孩子的教育和未来越好。

其次，主要由父亲针对儿子、母亲针对女儿，一起讨论比较疑惑或需要进一步了解的地方，特别建议在男女生第二性征出现，如男孩子出现遗精、女孩子初次月经起开始重点交流，逐步展开，不必要求所有的内容一次谈完。多与孩子讨论私密行为，让其逐步意识到这是很正常的，以便通过不同的渠道传递正确的性观念。如果可以，父母再同时和孩子交流，让他了解异性视角下如何做是比较适当的。

特别指出，性行为方面的解读也要认真对待，基本原理不用讲，但怎样是正确、适当的方式，以及如何自我保护，异性、同性都要强调。不要觉得讲了就是鼓励，就是激发了他的好奇心，事实证明只有讲了他才会更慎重，而不是更加跃跃欲试。此外，如果孩子有同性恋倾向也不必大惊小怪，首先要尊重，然后是引导，别把自己的面子放第一位，孩子的未来才最重要。

丧偶式教育

　　"丧偶式"教育的说法一直很火热，不断在网络中刷屏。这个词相信大家都不陌生，因为很多家庭都出现过这样的局面："瞻前顾后"的妈妈，"隐形"的爸爸，心理"畸形"的孩子，这样充满"戾气"的家庭，何来温馨幸福？何来家庭和睦？何来孩子的健康成长？但问题是"丧偶式"教育已经成为大部分家庭的常态，而这种教育模式也正在慢慢毁掉下一代。这里我们不会陷入怎样改善这种教育的讨论，而是要告诉大家，看似是家庭教育中父母双方的投入问题，但却和亲密关系关系密切。

◀ 原因是什么

　　"丧偶式"教育的模式主要是父亲角色的缺失。但是这种缺失原因并不一致，有的是真没时间、有的是假没时间。"一个男人不怕风吹日晒、不怕严寒酷暑，大部分时间都忙着追钞票"，这是很多父亲最真实的生活写照，他们为了家庭的生活而拼命挣钱，却将抚养孩子的责任全部甩给了孩子的妈妈。这是因为必须付出而没有时间。但也有些父亲即使很忙也会拿出时间和孩子在一起。而有些父亲所谓的没时间却不值得鼓励，比如工作之余的应酬，或者自己的爱好，比如玩游戏。

　　在课堂上，语文老师给孩子们布置了一篇随堂作文，题目是《父爱》。老师在批改作文的时候，有一篇作文的第一段很快吸引了老师的注意力，内容是这样的：对于父爱我可以用一个字来形容，那就是"父爱如山"，平时妈妈又是做饭、又是拖地、又是收拾家、又是照顾我，忙得满头大汗，而我的爸爸永远都是坐在沙发上一动不动，稳如泰山……这就是假没时间，究其原因只能说是内动力不足。

因为在中国"男主外女主内"的传统思想仍根深蒂固，有些父亲不愿意插手对孩子的管理教育，认为那是"小事"，是母亲应该做的事情。父亲的家庭责任就是挣钱养家，他们认为，"我赚钱都已经这么辛苦了，作为母亲连孩子都教育不好，还能说是称职的母亲？"但问题是，很多家庭其实都是双职工，母亲照样需要赚钱养家。爸爸们认为赚钱足够了，可是他们真的赚了很多钱吗？还是打着赚钱的幌子，逃避作为父亲的责任？

"丧偶式"教育，可分为主动式和被动式。大部分家庭属于被动式的，当孩子爸爸担负起养家、社交的责任时，教育孩子的职能自然就落在了孩子妈妈身上。而当孩子爸爸过于专注于自己所担当的家庭职能或者不愿插手孩子的教育时，自然就很难分担家庭教育了，所以就出现了孩子明明父母双全，但是在生活和家庭教育中却只有母亲一方出现，也就是被动式丧偶。

由于今天女性的日益强大以及及早洞察了指望男方是一种奢求，因此主动式丧偶式教育越来越普遍。所谓主动式"丧偶式"教育，就是孩子的母亲非常强势，她容不得别人来扰乱自己管教孩子，孩子还是自己最懂得调教。在主动式"丧偶式"教育中，孩子就比较惨了，因为无论是谁要是敢过来说个情都会被回怼过去，结果就有可能培养成了"妈宝男"。我的一个朋友有两个女儿，由于自己长年不在孩子身边，抚养教育孩子的工作就落到了孩子奶奶和妈妈的身上。当我们劝他应该多关心孩子的生活和学习时，女性的回复往往是："忙你自己的，孩子不用你管！"

还有一个"丧偶式"教育的变异版，就是"诈尸式"教育，这属于被动式丧偶的一个变异。所谓"诈尸"，就是还没有死透，偶尔还要跳起来分享一下自己的育儿之道；或者居高临下地批评母亲对孩子的教育方式不够民主、温和；或者出于愧疚，出于心血来潮，突然以"慈父"的面目出现，搞小恩小惠，以博得孩子的好感，搞得孩子不太愿意服从妈妈的要求。这种不合时宜的出现，真的是让人哭笑不得，还不如干脆做"甩手大爷"。"丧偶式"教育虽然辛苦但是也得了一个清净，至少自己当家作主，孩子们也不敢太多反抗。"诈尸"的做法就讨厌了，冷不丁地来一下，有时让自己的教育成果付之东流，这不是帮忙，纯粹是添乱。

◀ 核心还是亲密关系

"丧偶式"教育表面上是教育问题，其实不要忘了家庭的核心是夫妻之间的亲密关系。尽管有可能是工作辛苦，有可能是出于家庭分工，但是因此而不愿意承担应尽的义务，至少也表明对自己妻子已经是不那么爱了。很多夫妻是双职工，就算是妻子全职在家也是很辛苦的，如果能够感受到她们付出的不容易，也会主动努力搭把手，而不是袖手旁观，更不应该指指点点、让妻子寒心。

即使是主动式的"丧偶式"教育，肯定是不得已而为之的居多，不愿意自己丈夫的插手也是一种对配偶失望的表现。如果根源解决不好，就会滋生出各种问题，直接导致婚姻质量的下降。为什么我们看到很多家庭有了孩子之后配偶更容易出轨，原因在于所谓的这种严格的家庭职能划分，使得双方的兴奋点不同了，共同经历也少了，共同语言自然也谈不了多少了。孩子问题肯定是借口，不是教育孩子冲淡了感情，而是在教育孩子这种考验面前，原来的亲密关系受到了挑战。

◀ 怎么做

一个核心内容是要求夫妻双方共同参与到孩子的教育过程中，作为伴侣的意义要远远大于作为父母的意义。

首先，再忙也不要缺席孩子的重要时刻。孩子的生日、幼儿园的开学典礼、上学之后的家长会，这些都是孩子人生成长中比较重要的时刻，也是父亲和孩子构建亲子关系的重要时刻。等到那一天，抽出点时间陪伴孩子，让孩子有满满的安全感，也让孩子感受到父亲的爱。记住，你真正给孩子的不是财富，而是陪伴。

其次，不要把陪伴孩子的时间花在无聊的应酬上。很多爸爸的应酬是为了工作、为了生活，这是可以理解的。但是并不是所有的应酬都是必要的，爸爸们要学会判断，把那些不必要的应酬统统推掉，回家多陪伴孩子。因为真正可以依托的不是工作，而是自己的家庭。

第三，在周末空闲的时间少陪伴"手机"，多陪陪孩子。很多爸爸平时的工作很忙，陪伴孩子的时间很少，一旦到了节假日，终于能够好好陪伴孩子了，却把很多的时间花在"手机"上了。所以爸爸们在周末空闲的时候，要多带着孩子进行户外活动，可以去野炊，去玩水，去游乐园、动物园，这些活动都能增进亲子之间的感情，但不要只是在旁边待着玩手机。

最后，在辅导孩子学业的事情上给父亲留出位置。不要担心爸爸们没有经验，教不好孩子。孩子成长的机会也有爸爸一份，你越不放心，他就越做不好，给他一个机会，因为这是他应该做的。作为妻子，要对自己的丈夫多鼓励，只要参与了就值得表扬，这样他就会再接再厉。在这个过程中也可以培养爸爸和孩子之间的感情，感情深厚了，爸爸就乐意参与到孩子的教育中去了，但这不是妈妈的赋予或分权，而是要与妈妈一起共同完成教育孩子的任务。

Part 7

亲密关系解除

有些人的亲密关系会面临重启，解除时努力做到"离得漂亮"。

体面的分手

对于分手，大多数人都会认为："既然一定要离，就要离得干净漂亮。"然而，怎么理解"离得干净漂亮"呢？是不是只能发生在以下情况中：两人之间的交往不深，没有产生达到一定程度的爱；或者男女双方同时厌烦对方，都想分手，尤其是两个人都另有他人的情况，轻松分手的概率比较高。而只要一方强烈地眷恋着另一方，那么他们就不可能顺利地分手，即便最后能够离得成，也势必会产生诸多麻烦，有时甚至会反复爆发激烈的争斗。那么，正常情况下的体面分手有没有可能呢？

◀ 不争不吵是体面吗

离婚的方式很多，有剑拔弩张的，也有平平淡淡的，以什么样的方式跑向终点都正常，不足为奇。那么不争不吵是不是就是体面？

不争不吵，有时是性格使然，不习惯过于激烈的方式，即使离婚这样的大事也都是悄悄地完成；有时是"哀莫大于心死"，之前肯定为爱抗争过，也争吵过，那时觉得可以挽回，也曾充满了希望或幻想，但是到最后已经决定放弃了，不想再争取了，自然就不会争吵了。

如果追溯前因，有人的婚姻是因爱结合，有人的婚姻则是因为爱之外的因素结合，有人的婚姻什么也不为，因为到了结婚的年龄，只不过彼此不讨厌就结婚了。如果开始的基础就不稳固，一遇到事情也就不太愿意争取了，即使不离婚也是由于其他因素的牵绊，甚至是懒得离婚。

和平分手就是局面上比较好看，但背后的原因可能是一个天上、一个地上。"天上"的就是两个人都想得很清楚、很理性，接受不能在一起的遗憾，也真心祝福对方幸福快乐，也许以后还能成为朋友；"地上"的就是心都死了，在一起的时候所有的心力都消耗光了，连最后打一场分手架的动力都没了，基本上把对方从自己的人生中抹掉了。

不和平分手也有好处，两人逼得把那点情分都发泄在一场代表分手的冲突中，从此恩断义绝，也算是痛快。把话说绝、把事做绝，从此老死不相往来，也不失为一种告别旧感情的方式。但是最好别做得太难看了，尽量不要伤人、不要缺德，底线还是要有的。

◖ 如何才体面

能想到体面分手就说明是个素质不低的人。首先要把分手归因为双方不合适，而不是谁辜负了谁，凡事一个巴掌拍不响，而且有些时候"你之蜜糖，我之砒霜"，没有绝对的好与坏、对与错。这样的认识有助于反思和提高，避免搞得不堪。

不吵也不闹，保持自己的理智。缘分走到了尽头，真的两个人谁也别怨。任何一对情侣能够走到婚姻的殿堂，他们之间必定是合适后的不断磨合与成长。任何一对情侣走着走着散了，要么是不合适，要么是压根不想爱了；凡事都是有原因的，爱的因果关系也有很多。不爱了就是不爱了，真的不必纠结为什么，最给自己留面子的事情便是"不吵，也不闹"。吵多了只会让两个人徒增矛盾，这会让本就僵了的关系又蒙上一层霜，何必呢？

维护双方尊严为前提。当与对方提出分手时，一定要维护双方的尊严，不能以对方的某些缺陷来说事儿然后提出分手，因为不管对方长得丑或者是对方的某些东西不能让你满足，都应该给予对方足够的面子，毕竟体面与尊重能够让对方更加幸福。除了必要的财产分割，不必斤斤计较，网络上不是有拿出一份长长账单和老婆算卫生纸钱的丈夫吗？除了让别人看笑话，只会徒增彼此的恨和厌弃。

面对面提出分手。很多男女在不爱了想分手的时候，总会有各种各样的顾虑，害怕对方难过，害怕当面分手残忍；或者为了缓和当面分手时悲伤的情绪和尴尬的场面，会选择发信息、打电话。但是这种分手方式才真的是让对方最难以接受的，像是当头一棒，对方想要问清楚问明白的机会都不给。你自以为说分手就是分手了，就将对方拉黑，其实这是不负责任，对曾经感情的不负责任；而且被分手的人如果还爱，怎样提分手都会难过，当面不当面都是一种残忍。既然要分手，当面说清楚是最好的，拖泥带水才是真正的残忍。

整理好彼此的东西。在热恋期的两人一定会有很多东西都是情侣共同的，都是一起去购买的，还有很多互赠的小礼物。既然要分手，那就彻底一点，将自己所有的东西都收拾干净，哪怕是自己的一个不起眼的小物件。很多人在分手之后，会将对方赠与自己的礼物退还或者直接扔掉，我更偏向于将所有的礼物都还给对方，便宜的要还、贵重的更要还。留下只会是给自己留一份念想、留下一份羁绊，既然分手了，念想就一点也不值钱了。

大声宣告你们分手的事实。很多人在热恋期都见过对方的家长，当对方向自己提出分手之后，害怕让父母朋友知道，在很长一段时间中都遮掩自己分手的事情，但这是非常错误的行为。既然分手了，就大胆果断地说出来，这是对过去最好的告别，同时也是张开双臂、迎接新感情的开始。在一起的时候可以大声地告诉别人，分手时也一定要大声地告诉别人，告诉别人你选择过，但是并不后悔；勇敢地说出来，才是真正的放下。此外，自己的问题自己解决，不建议外人参与，包括所谓最亲的人；别人眼中只有得失、没有情分，名义上是为你，实际上被绑起来烤的滋味只有你知道。

好好告别，不再纠缠，放飞彼此。有些爱人真的不一定能够走到最后，但是记得曾经真诚爱过就好，至于结局是怎样，不怨对方也不怨自己。若要给自己保留一份体面，就在分手的时候好好告别；如果放下能让彼此更加舒适，那么即便很无奈也要懂得取舍。

有些感情既然已经结束了，就没有必要再继续下去了。把问题说清楚了以后，就要好好认清现实、把握好度，不可以再纠缠对方。如果分手了还一直打扰对方的话，这就很没有意思了，而且显得自己特别没有素质。谁都不愿意在一段感情后给自己背上一个特别不好的名声，这样对开展下一段感情也是非常不利的。谁分手都会难过，都会悲伤，但是要注意发泄的方法；如果随便喝喝酒就打电话或者给前任发消息的话，这样也打扰了对方的生活，是一种很没有素质的表现。

最好的分手之后的状态应该是两个人都成为彼此的陌生人。不要一直打扰对方，也不阻拦对方找下一个对象。分手了就要分得干干净净，不留一点对方的东西。也许你会觉得，"哎呀，毕竟自己投入了很多的感情，哪能就这么放弃了，自己还要争取一下。"这样想就很没有意思了，既然一定要分手，那为什么还要想这些呢？最好彼此从此淡出各自的世界，理论上可以做朋友，但互不干扰是最理想的。

分手后

据说，全世界有九亿多人都在玩 Facebook，其中大约有三分之一的用户会去查看前任的账户状态，一半以上的人承认自己会去对方的社交主页上寻找前任与其新欢的照片。这种藕断丝连很常见，于是退而求其次，与前任做朋友成为很多人的一种选择，但是人人都可以吗？

◀ 分手后还要做朋友是什么心理

恋人分手后还要做朋友的原因五花八门。

首先，这是一种伪装的友情。由于还爱着对方，就想着有复合的那一天，只要还是朋友就会有机会，这就是想做朋友的人的一个比较多的心态。从严格意义上讲不算朋友，而是成为恋人前的一个过渡阶段，为了能够挽回而在努力着。

其次，是感情残存。分手后还是相互爱慕，不想就此与对方彻底失联。感情产生后很难彻底消失，而有的感情又很珍贵，从拥有到彻底失去让人觉得遗憾、难以接受，只能折中化为友情得以延续。对于有些人而言，与前任经历过很多事情，是共同患难的朋友，即便分手之后，这份共同患难的情谊不能磨灭，前任对于他们来说，是生命中的伙伴和朋友。

第三，发现朋友是最好的归宿。也许一开始将友情误当作爱情，也许一开始看不清二人的真实身份，经过时间的证明，最终证明做朋友好过做情侣，不如将爱情化为友情。或者从来就没有爱过彼此，两个人能够在一起，很有可能只是在当时觉得彼此可以凑合，或者让一方产生了错觉，然后真正在一起了，才发现并不是真正地爱上了对方。

最后，是出于各种无奈的理由。比如处在同一个朋友圈，如果分手之后，亲友希望彼此能保持友谊关系，从而保证关系圈的稳定，所以旧爱分手后回到朋友身份的几率会比较高。或者是一种安慰的关系，一方抽身而另一方无法抽身，为了不至于太过伤害而选择当朋友作为过渡。或者彼此有利益关联，比如共同做生意等。

◀ 什么样的状况适合做朋友

需要考虑分手的原因及状况。如果是外部因素造成的分手，双方有感情基础，即使做不成情侣也还是可以成为朋友的。同时，心理学家研究发现，如果双方都愿意分手而非某一方主动提出，那么两个人分手后还是可以做朋友的。在这种情境中一般双方对这段感情都已感到不满、彼此之间依赖减少，因此分手对双方来说并不算坏事，甚至可能是解脱。

和平分手，比起因为背叛而分手，或者种种矛盾冲突无法解决而分手，对于两个人的情感伤害都会小很多。更多留下的是一种无奈和遗憾的感觉；而补偿这种无奈和遗憾，做朋友恰恰是比较合适的。如果分手的时候两个人比较受伤，那么首先要各自消化掉情感上的伤痛，做朋友才有可能性。

从心理学分析，那些分手后可以成为朋友的，大多数提出分手时更倾向于采取温和的分手方式；他们提出分手的时候会跟对方进行一场长谈，而不是打冷战疏远对方，或者做一些过分的事情逼对方提出分手。

有着深厚友谊的情侣分手后依然可以做朋友。心理学家根据脚本理论（Script Theory）中的"友情模式"这一说法，认为情侣在恋爱之前就有了长久深厚的友谊，那么他们分手后更倾向于继续这段友谊。之前的交往方式也很容易会延续到分手之后，这样就大大降低了不确定性，从而可以使恋情顺利地过渡到友情。

美国情景剧《老友记》中的罗斯（Ross）和瑞吉儿（Rachel）就是这样的例子。第一次分手后两人开始彼此还有所顾忌相互回避，但过了一阵两人就互帮互助打打闹闹。在第二次分手后即使有点余情未了，两人很快就恢复到最初的朋友交往模式。他们能明确区分感情和友情，能够撇开自己的情感继续做好朋友。

亲戚朋友的理解和支持有利于分手后的情侣重新做朋友。父母和同伴如果能够对分手表示支持和理解，而不是追问"你们不是分手了吗？怎么还在一起？"也能减少分手后做朋友的尴尬感。另外，如果双方的朋友圈子比较一致，那么分手以后也比较容易继续愉快地玩耍，这其实也是恋人分手后容易重新做朋友的原因。

◀ 什么时间开始最好

继续与前任联系的念头或许很难遏制，但这样往往比切断联系带来的痛苦更多。继续联系容易勾起你对前任的想念并唤起想与其复合的念头。因此在分手后不要立刻回应对方的联系，更不要主动联系，等你能够彻底断了复合的念头，并且可以独立不再依恋对方时，就是可以再续友谊的时候了。

想要断掉复合的念头需要一段时间，相对而言解除依恋就比较省时。我们只要与家人或其他信任的人在一起建立新的避风港，就可以快速解除对前任的情感依赖。陈奕迅歌曲《十年》唱道："十年之后，我们是朋友，还可以问候，只是那种温柔，再也找不到拥抱的理由。"其实用不了十年，只要你断开复合的念头，不再将安全感系在对方身上，就可以和前任成为朋友了。

不过有一件事情可能需要做一做，就是对上一段感情的复盘。分手是什么原因呢？自己在这段感情中有什么要总结的吗？自己有哪些不足，还可以做哪些改进？对于恋人，今后再找时要注意什么？想清楚是复合还是做朋友，甚至可以和要好的朋友一起参详一下，总不是坏事。否则还是同样一个你，重新进入下一段自己仍不能把握的关系里，岂不仍然面临着可能再次分手的局面呢？

◀ 怎么做朋友

随着互联网的普及，现在对前任进行"骚扰"的现象越来越常见。在社交网络上发和异性吃饭、看电影的照片，激发前任嫉妒心；暗讽对方，写有关前任的负面评论，甚至公然发布诋毁前任的信息。这些"骚扰"行为也会使得双方无法再做朋友。也许觉得这些行为可以挽回对方，也许从中能够感到报复的快感，但过度的纠缠和骚扰只会让对方更加反感，甚至感到害怕，对自己的印象肯定会大打折扣。

　　要想做朋友，必须放弃和对方继续做情侣的可能性。男女之间，要想保持纯粹的友情不容易。有很多情侣在分手以后，为了能够挽回对方答应做朋友，以便有更多的相处和见面机会。如果一方甚至双方的心里都还有暧昧的打算，那么这个朋友的关系就会很尴尬，不能长久。

　　恋人分手后最好的关系就是最熟悉的陌生人，这是最好的选择。当彼此分手，又感到寂寞的时候，可能有些人就有和前任联系的想法，以至于短时间内在感情上还是依赖对方，时不时打扰前任的生活，反反复复的，甚至还在干涉前任和别的异性暧昧。如果以做朋友的名义希望继续保持关系，进而干预对方未来情感的发展，就是不明智的，那朋友也不要做了。

　　要经常想想为什么会分开，如果是不可调和的矛盾，或者的确性格不合，就算分手很美好，也是覆水难收，其实很多美好的回忆都是分手之后的自欺欺人。如果当初年少轻狂，如今已经感悟，再给个机会就会好好来过，也是可以争取的。但是，要想想复合了又如何。很多复合都是暂时美好，然后迅速进入原来的状态，重新陷入死循环，等于彼此再伤害一次。在彼此还留有好感的时候分开是一件特别幸运的事儿，真是反反复复离了合、合了离，这点情分也就彻底断送了。放手也是一种爱，"得饶人处且饶人"，最好的办法还是走出自我，再努力去寻找另一半，这个空白没人填上，自己永远不会客观评价这段曾经的感情。

　　有些情侣分手后是真的以朋友的方式相处，偶尔问候，各忙各的，有事儿帮忙，也彼此为对方新的感情生活祝福，这是值得提倡的。还是那句话，可以帮助对方，但不要介入。

关于前任

绝大多数人在自己一生的亲密关系中，都有一类人存在，那就是前任。初恋即结婚的会有，但是不多；每个人能有今天的结果，都是和前任密不可分的。有些人对前任念念不忘，有些人还要出于各种原因与前任存在交集，如何处理好与前任的关系似乎是躲不开的难题。

如何忘记前任

首先，前任毕竟是过去时，如果没有很好地处理好与前任的关系，对未来的新生活肯定会产生不良影响。所以第一要务，就是如何忘记前任。除非你的恋爱史过于丰富，否则人生中那几个前任一般都忘不了，只不过程度不同而已。经常会看到这样的问题，既然不能在一起，如何快速忘掉前任呢？这其实也是气话，能这么讲就说明前任不是轻易能忘掉的。如何忘记呢？简单说，就是有个事情或者有个人去填补出现的这个空白，就是说出现了一个可以替代前任的人，这样才能暂时忘记前任。为什么是暂时呢？因为如果后面的感情让你不满意，或者进入正常的平淡期，前任的好处又会出现在你的心里，当然这是后话。

在佛教故事里，佛祖有一个弟子叫作阿难，是个大帅哥。他一度为了一位牧羊女而茶不思、饭不想，整个人非常颓废。于是佛祖就给他看了一张画，阿难看后大彻大悟，很快从失恋的悲伤中走出来。但是没有人见过那幅画，大家便纷纷猜测画中的内容是什么。有人说是画了一幅牧羊女老去的皮囊，有人说是画了一幅更加打动阿难的场景或事物。我宁愿相信是后者，真正可以覆盖过去的不是幻灭，而是更美好的出现。

人一生的感情经历中，大多都会有前任的身影，某些时候看是遗憾，某些时候看是丰富了人生。放不下前任，说明这段感情确实让人动心了。放不下的时候就把对方放在那里，不用特别在意，为之欢喜、为之难过都可以，往往是越想放越放不下。时间长了，当别的吸引来到你身边时自然就会放下了，而那一份记忆就好好收藏在心中的某一个角落。其实人的一生中又有多少放不下的人呢？不必过分夸大自己的状态，不用着急，一切交给时间，总要度过一个疗愈期。所有解决的关键都是一场新的感情的到来，一旦再遇到心仪的人，一定会满血复活的。

越是想忘记越难忘记，也从侧面说明了一件事，就是对当前的感情生活状态不满意。越不满意越往回想，越想而又越不得，那岂不是更痛苦？这可能才是想迅速忘记前任的原因，因为这种美好对照当下反而成了痛苦。

◖ 如何开始一段新的感情

开始一段新的感情是迅速弥补感情空白的好办法。虽然简单粗暴，但确实很实用。如果实在提不起兴趣，自己也觉得有沉淀一下的必要，不妨和他人坦白讲，你需要一个心理恢复期，让他们也给你一个缓解的阶段，以便重新抖擞起精神继续开始自己的情感之旅。的确，如果马上去寻找新的感情，效果也不一定好，而且对自己、对他人也不太公平。除非对方足够出色，否则必然会拿新人去和前任比较，并且会戴着有色眼镜去看待，反而有可能错失好的机会。

但是完全清空自己之前的感情史，然后开始迎接一段新的恋情不太现实，也不可能完全准备好了再出发，那么，即使不能完全放下前任，也要尽快将其放置在一个不那么重要的位置，好留出空间迎接新人。建议这个沉淀期不要太长，因为调整是必要的，但不依赖外部的因素推动，单纯靠自己想明白还是有些难的，纯属耽误时间。

在所谓的沉淀期里，建议多思考两个人分手的原因，从自己身上找原因更容易触及关键，对于提高今后感情建设的命中率也是大有好处的。我们需要从未来婚姻的角度去发现谁是更适合作为配偶或者孩子父母的角色；有些异性条件不错，谈恋爱也很理想，但不一定适合出现在未来的婚姻里，这也是需要去思考的。

◖ 与前任相处

由于种种原因，不是所有人在获得新的感情后都与前任断绝关系或断绝接触，如果没有超出界限，还是可以接受的，不能简单理解为是藕断丝连，比如有了共同子女的前夫前妻，但还是要特别注意现任的感受。

如果再婚家庭一方有孩子，很难避免和前任接触，也不太可能对前任的其他事情抱以同普通人一样的态度。这种事哪个现任都会不舒服，但是如果没有什么实锤，这种担心确实不必要，别给自己添堵。要看他们聊什么，如果没有出格的内容，应该是可以接受的，虽然心里可能还是不踏实。

如果总是不舒服，就要和对方认真谈一下，不管有没有过分的行为，反正是让自己不舒服了，就要认真处理，比如停止交往或者信息公开之类的，反正是双方都能接受的解决方式。如果不能从根本上解决问题，"身在曹营心在汉"也不是我们愿意看到的结果；所以既要约法三章，同时也要给出路，只要不出格，也是可以接受的。进一步，要么和对方一起共同约定和前任见面的频次、方式，也就是尽量让他们少见面；要么有些场合可以共同前往，甚至可以尝试着与对方建立一种更为亲密的关系，参与其中一些事务的处理，而不是一种对立或敌视。关键还是要从心里帮对方把这件事摆正了、处理好了，才是最重要的。

还有一种情况是一方突然联系了前任，其实这种事很正常，很多人的情感生活里都有这种情况，不管男人女人皆是如此，区别在于说与不说。可能是突然的，比如彼此之间出现了什么不愉快，和前任倾诉后获得了满意的回馈；可能是和现任一起几年了，感情进入平淡期，又想起了前任的好；最可怕的可能是尽管和你相处，但对方从来没有忘掉前任。

作为现任的你对另一方的变化是如何了解的？也是突然知道的？对于感情这件事，当事双方最怕陷入的是谁对谁错，而不思考自己的问题，毕竟一个巴掌拍不响，即使你遇上的是一个渣男。所以建议和对方好好交流一下，开诚布公的、不以结果为导向的，彼此都做做检讨，可以挽回、想好办法、保证效果；不能挽回，也不必撕破脸面、友好分手。

不能确定只是介意前任这件事，还是这种情况已经威胁到正常的亲密关系了。如果是前者，坦率地说，那是对方个人的事，你无法简单地让对方把前任从心里抹去，对方自己没有想清楚之前也不可能做到。给他人、给自己一点隐私的空间是可以接受的。再说得残酷一些，现在的生活没有足够的能量让他覆盖掉原来的记忆，这大概就是现任要多多努力的地方。你可以强迫对方忘记，对方也许会表面屈从，告诉你忘记了，表面上看你是"赢了"，但未必是"赢得"了对方。感情中的一方和前任死灰复燃，现任也要反思，为什么又把对方推向了前任。

如果是影响正常的亲密关系，那就必须和对方认真谈了。忘不了可以容忍，但总是三心二意就不合适了，能过就认真过，不认真就别过，这也是彼此必须的担当，在这个问题上不能讨价还价。

婚姻之中彼此要相互信任，如果出现问题就去解决，这是正确的相处之道。如果没有达成共识，和前任的关系也就是从公开转地下了，不会有实质性改变。不过不建议跳过现任和对方直接交流，这样对你、对现任而言都不好，很容易激化矛盾。要知道，即使是亲密关系，也是存在于开放的社会系统中的，不能为了保证情感无虞，就要求对方和所有异性隔离，这也是不现实的。关键还在于亲密关系中的双方，要加强情感建设和有效的交流。

  其实恋爱也罢、婚姻也罢，都是自己人生的一部分，也是自己成长的一部分，要学会在每一段经历中成长才是最重要的。如果没有收获，只是沉溺于被他人背叛的痛苦，又或者是与负心人恩断义绝的果敢，确实意义不大。